1 비아워비에자 국립 공원 ➔4쪽
4 주자이거우(구채구) 국립 공원 ➔48쪽
5 나미브 나우클루프트 국립 공원 ➔64쪽
7 코모도 국립 공원 ➔92쪽
8 피오르랜드 국립 공원 ➔106쪽
오뭄본데
에텐구
말릭
?
누카
파닌구악
라투
사리
?

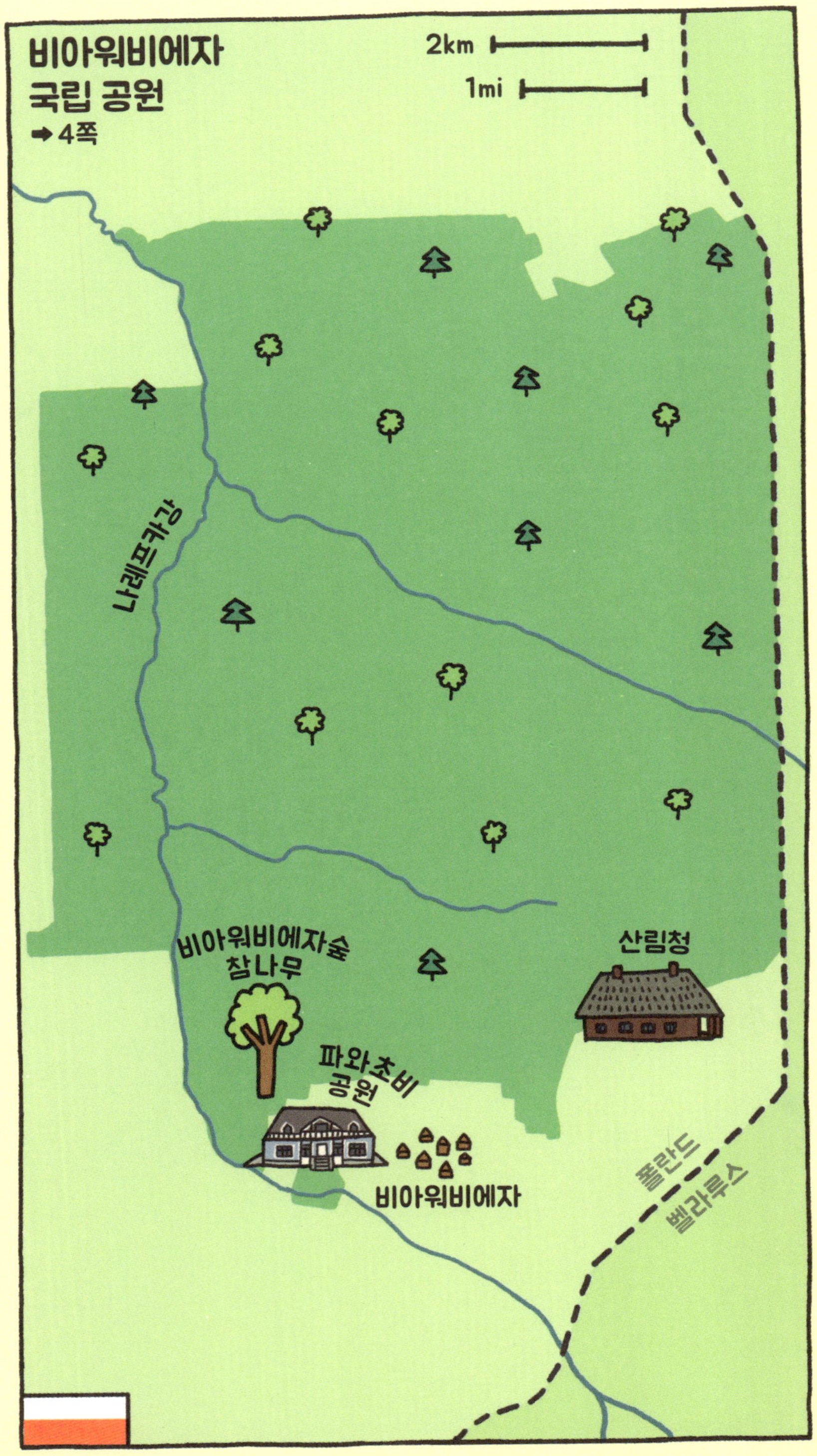
비아워비에자
국립 공원
➡4쪽
2km
1mi
나레프카강
비아워비에자숲
참나무
산림청
파와초비
공원
비아워비에자
폴란드
벨라루스

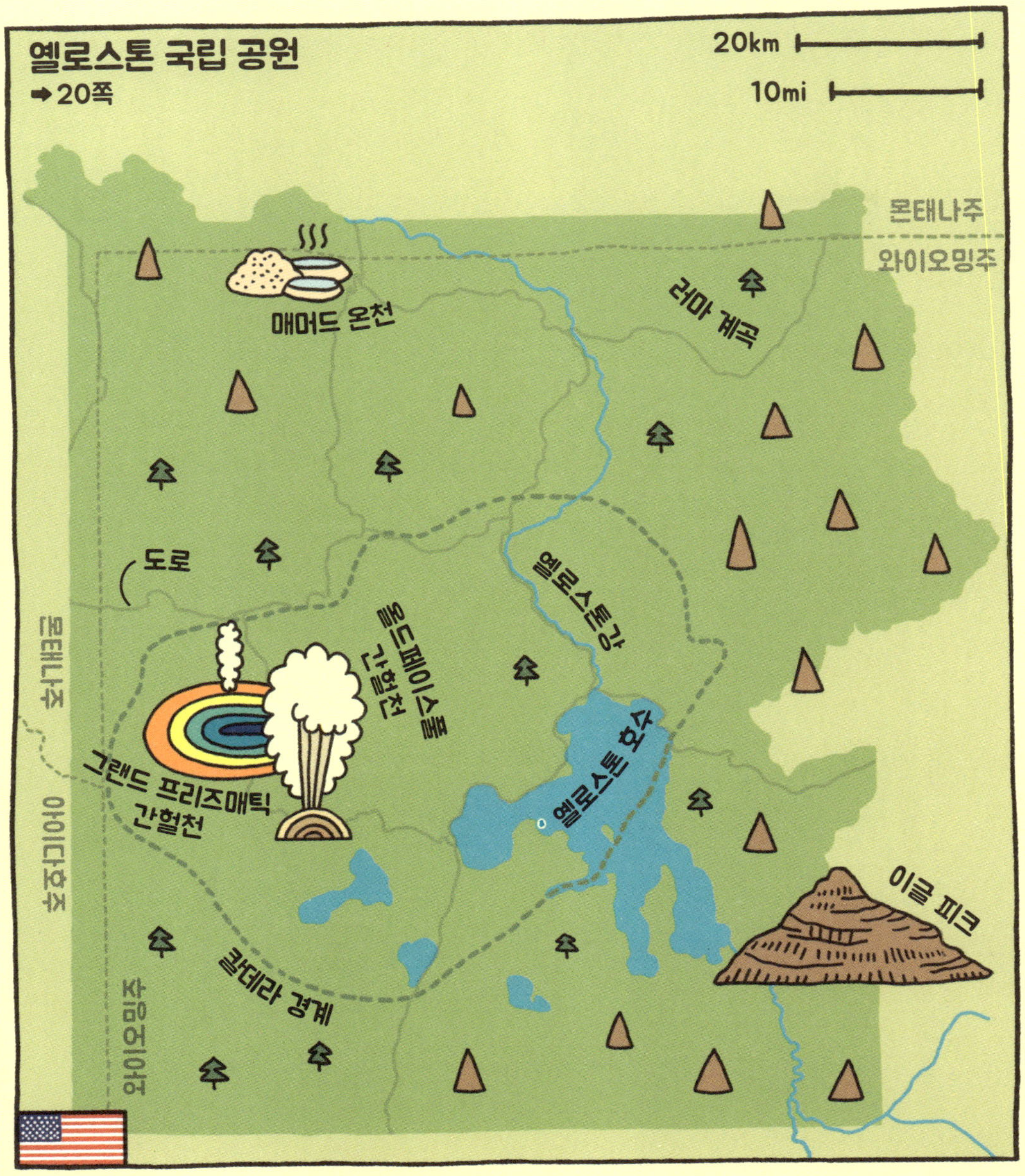
옐로스톤 국립 공원
➡20쪽
20km
10mi
몬태나주
와이오밍주
매머드 온천
러마 계곡
도로
올드페이스풀
간헐천
옐로스톤강
몬태나주
그랜드 프리즈매틱
간헐천
옐로스톤 호수
아이다호주
이글 피크
칼데라 경계
와이오밍주

마누 국립 공원
➡36쪽
40km
20mi
코차카슈
연구 센터
마누강
안데스산맥
마드레데디오스강
악하나코

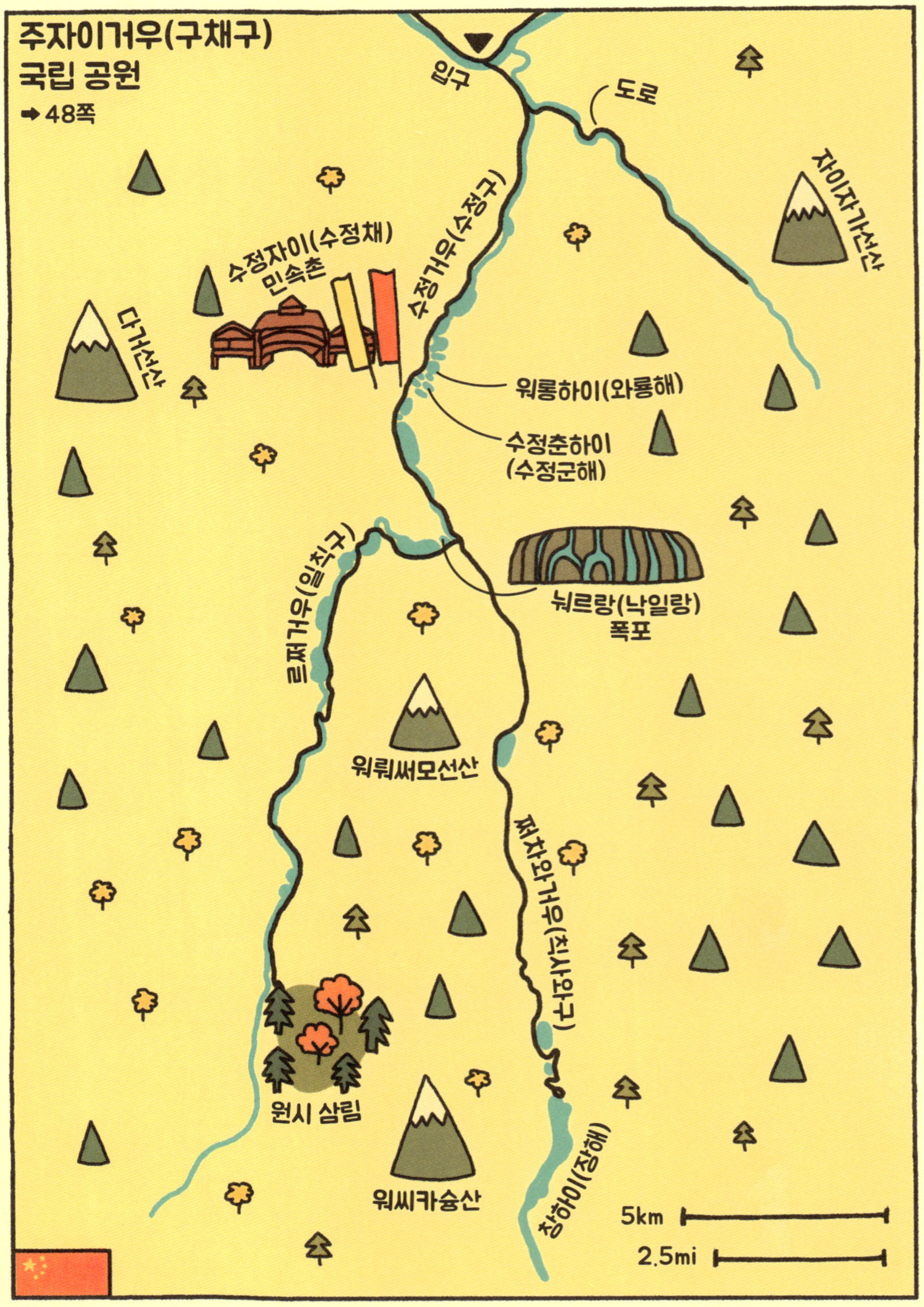
주자이거우(구채구)
국립 공원
➡48쪽
입구
도로
자이자가산
수정자이(수정채)
민속촌
수정거우(수정구)
다거산
워룽하이(와룡해)
수정춘하이
(수정군해)
르쩌거우(일칙구)
눠르랑(낙일랑)
폭포
워뤄써모산
쩌차와거우(칙사와구)
원시 삼림
워써카승산
창하이(장해)
5km
2.5mi

옐로스톤으로 가는 길을 찾아서

★ 세계 국립 공원으로 떠나는 자연 여행 ★

알렉산드라 미지엘린스카, 다니엘 미지엘린스키 글·그림 김영화 옮김

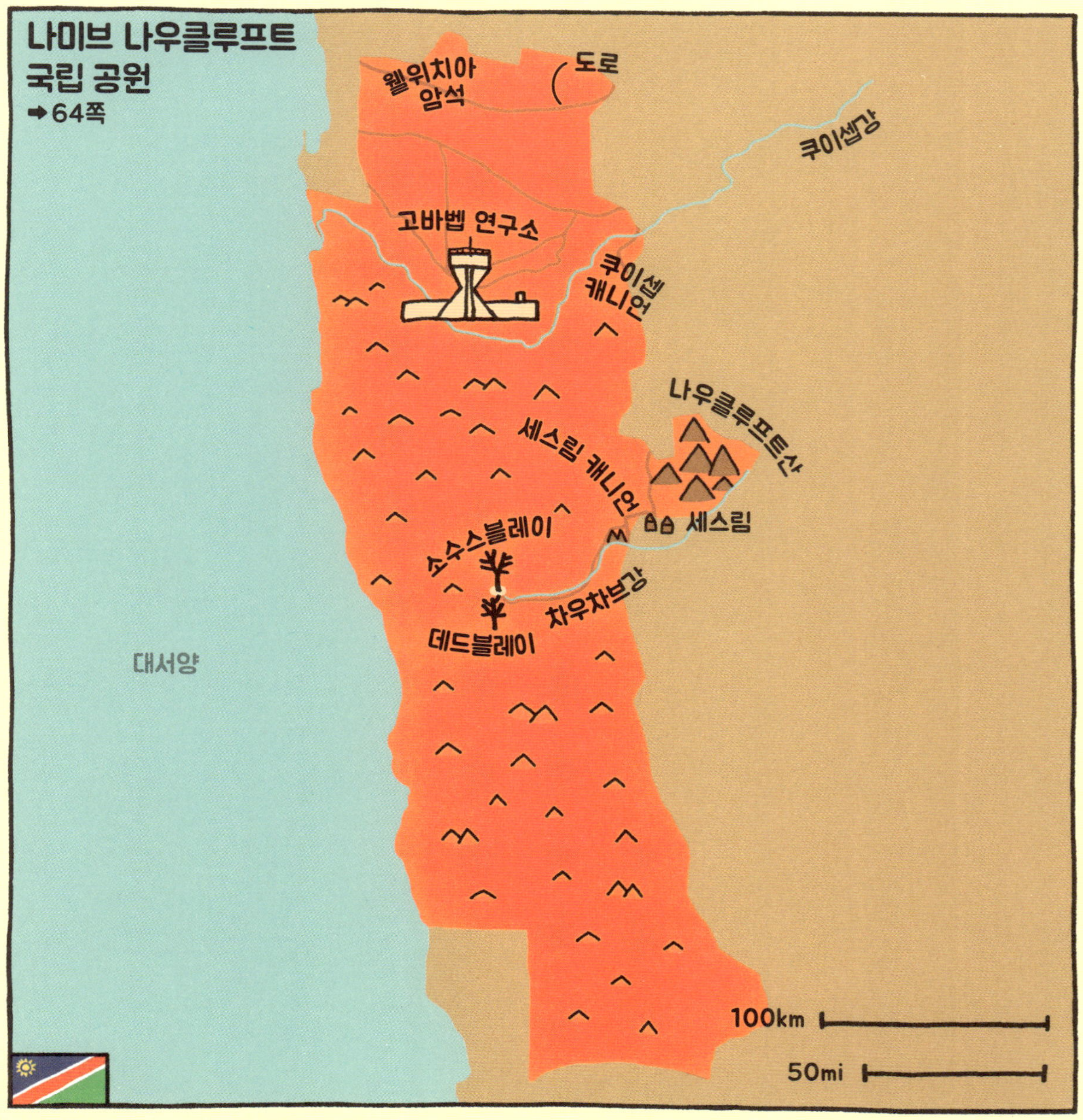

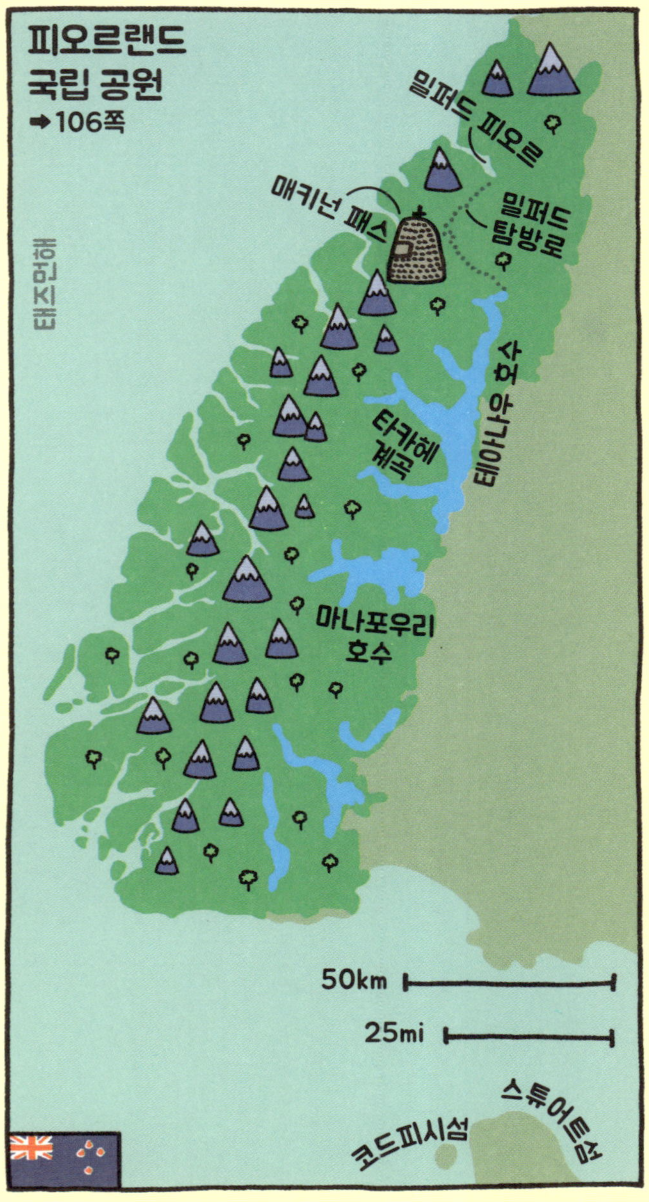

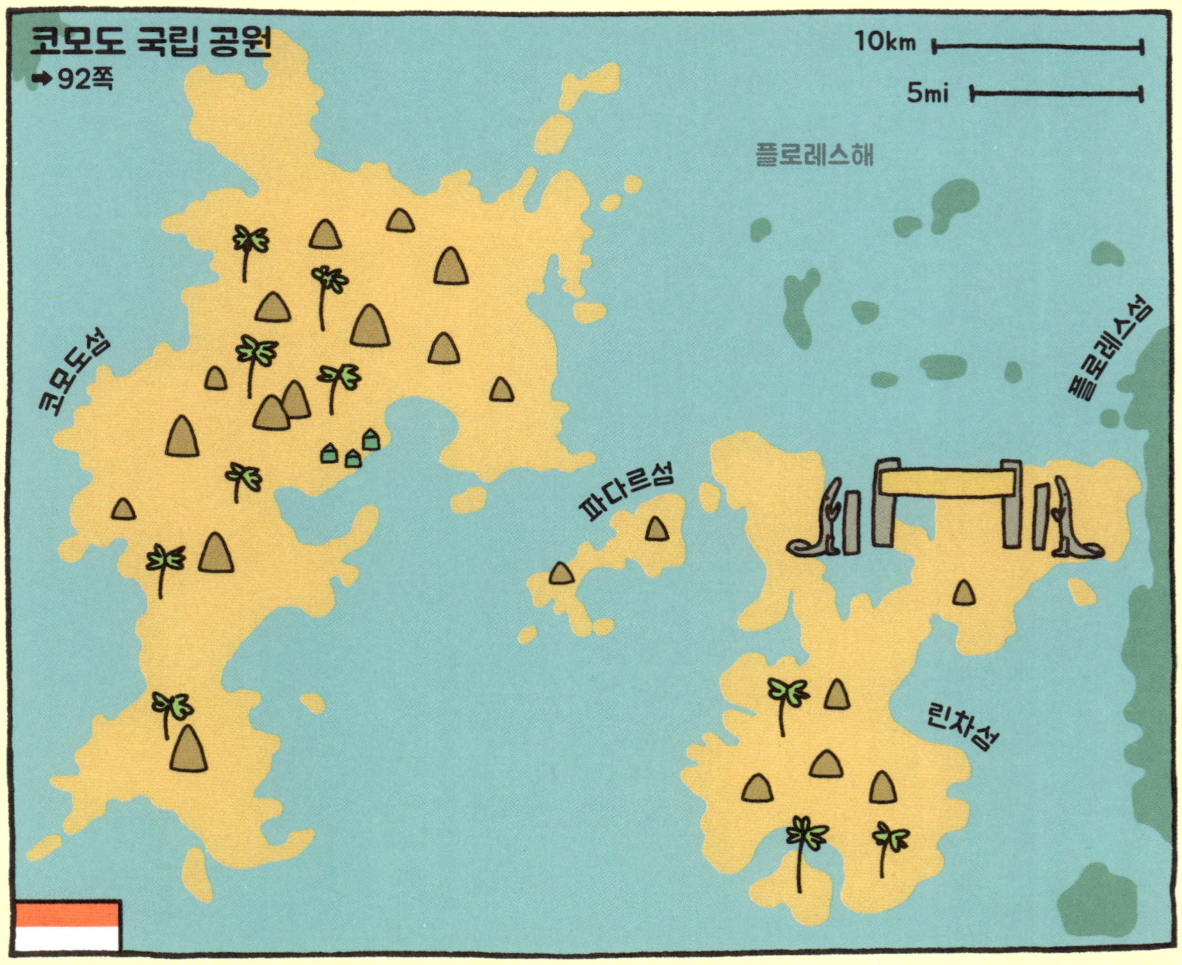

비아워비에자 국립 공원

★ 폴란드 ★ 면적: 105.17km² ★ 설립 연도: 1932년 ★

올빼미
피그미올빼미
비아워비에자숲
참나무
로부르참나무
안녕!
나는 울라야.
청설모
회색늑대
오색딱따구리
유럽노루
유럽소나무
담비
멧돼지
유럽오소리
안녕!
내 이름은
쿠바야.
유럽들소(주브르)
스라소니
쇠족제비
산림청
북방흰가슴
고슴도치
붉은여우

아메리카들소(바이슨)
Bison bison

유럽들소(주브르)
Bison bonasus

내가 늘 여행을
떠나고 싶어 하는 줄
너도 알지?
폴란드 다람쥐, 설치류 최초로
에베레스트 정복
우리 지난 휴가 때
폴란드 원시림 근처에 있는
하이누프카에 갔잖아.
그러니까 이번에는
좀 더 멀리 가도 되지 않겠어?
하이누프카와 미국 사이에
다른 장소도 많은데….
방학 때 여기서 20킬로미터
떨어진 곳에 간 정도가 고작인걸.
물론 너는 이 세상 끝까지 가 보고 싶겠지만.
쿠바, 얼마나 멀리 떠나든
별 차이 없어….
우리가 새로운 친구도
많이 만나야 하는 건 알아?
알지!
나는
처음 만나는 친구들이
부담스러워.
나는 괜찮은데.
그리고 우린 계속 같이
있을 거잖아.
그렇지만 나는 덩치가
너무 커서 친구들이
쳐다본단 말이야.
내가
계속 수다를 떨면
사람들이 너한테
신경 쓰지 않을 거야.
걱정 마.
좋아!
다른 애들한테도
물어봐야겠다.
응, 응.
그럼 죽은 가문비나무
쪽으로 가 보자.
거기에 사는 딱따구리하고
아는 사이거든.
그 나무 주변은
늘 붐벼. 난 복잡한 건
별로인데….
비행기 타는 것도
겁나고….

안토니!
여기 있어?
여섯가시나무좀
목도리딱새
비단벌레
북방올빼미
납작거저리
피그미올빼미
가문비뿌리나무좀
가문비나무좀
사슴벌레
유럽소나무담비
잔나비버섯
스라소니
장미잔나비버섯
겨우살이버섯
여섯가시큰나무좀
다들 바빠 보이네.
잘 알겠지만 지금은 다들 볼일이 있어. 먹이가 아주 풍부하거든! 나무 어디를 두드리든 딱정벌레가 있을 거야. 너도 한번 먹어 볼래?
고맙지만 난 곤충은 먹지 않아. 너는 채식을 할 생각은 없어?
세가락딱따구리
드디어 다 왔다! 여기야!
?
딱정벌레를 그만 먹으라고? 여기에 얼마나 많은데! 맛난 애벌레도 잔뜩 있다고! 이것보다 괜찮은 먹이라도 있어?
난 요즘 씨앗이랑 과일만 먹어.
다람쥐들은 보통 그런 걸 먹지! 하지만 나는 못 먹겠어.
어쨌든 본론으로 넘어가자. 이러다 내 아침밥이 달아나겠어.
너랑 의논하고 싶은 일이 생겼거든. 우리가 미국에 갈까 해서….
누구든 어리석은 생각을 할 수 있지. 그런 문제는 복잡하기도 하거니와, 굳이 다른 곳에 가지 않아도 우리 숲에는 필요한 게 다 있어.
…그래서 우리가 뭐부터 준비하면 될지 알고 싶어.
어휴….
그래, 좋아. 너랑 비슷한 생각을 하는 애를 하나 알아. 하이누프카에 사는 도시 비둘기인데, 이름은 필립이야. 수요일마다 나레프카 계곡에 사는 쏙독새 헤니오를 만나러 오니까 걔한테 물어봐. 아마 다 알고 있을 거야. 그럼 난 이만 아침 먹으러 갈게.

사람들이 동물을 사냥하고 나무를 베어 내기 전까지만 해도
숲의 운명은 자연이 결정했어요.
그러나 이제는 사람 손길이 닿지 않은 숲이 얼마 없어요.
사람 손이 가지 않은 자연 그대로의 숲을 원시림이라고 해요.
지구상에서 온갖 종의 동식물이 활기찬 삶을
살고 있는 곳 가운데 하나이지요.

오래전에는 유럽 땅에도 울창한 숲으로 뒤덮인 지역이 많았어요.
그중 가장 잘 보존된 곳 하나가 폴란드와 벨라루스에 걸쳐 있는
비아워비에자숲이에요. 바로 쿠바와 울라가 사는 곳이지요.

비아워비에자숲은 사람들이
몇 세기 동안 드나들며 바꾸고 사용한 것이 있어서
원시림은 아니에요.
그렇지만 사람들이 숲에서 목재를 얻거나 버섯이나 블루베리를
따기는 했어도 자연 그대로의 모습이 많이 남아 있어요.

오늘날 폴란드와 유럽의 숲은 대부분 사람들이
관리하는 경영림이에요. 이런 숲에서는 목재를 얻기 위해
나무를 심고 베요. 경영림에 죽은 나무가 생기면 잘라 버려요.
딱정벌레 같은 곤충들이 죽은 나무에 알을 왕창 낳기 때문이죠.
이 곤충들은 살아 있는 나무를 먹고 결국은 나무를 죽게 만들어
목재를 생산하는 데 해를 끼치거든요.

비아워비에자숲의 일부는 국립 공원이에요.
그 구역에서는 꺾이거나 부러진 나무를 일부러 치우지 않아요.
여러 희귀 동물이 살아가려면 오래되고 부패한 나무 기둥이
꼭 필요하거든요. 나무 기둥은 어떤 동물들에게는 완벽한 은신처가
되기도 하고 먹이를 넉넉히 찾을 수 있는 장소가 되어 주기도 해요.

다코타는 미국의 옐로스톤에 산다고 했지? 거기에는 아메리카들소가 많이 있구나.
옐로스톤이 세계에서 가장 오래된 국립 공원이라는 거 알아?
정말 재미있다….
국립 공원을 만들어야겠다고 처음으로 생각한 사람들은 미국인이에요. 옐로스톤의 그랜드 캐니언이 품은 자연에 감탄한 사람들은 그 경관과 동식물이 지켜질 수 있게 보호 구역을 지정했어요. 그곳을 미래 세대도 함께 누리게끔 국가 기념물로 삼았지요.
지금은 전 세계에 수천 개의 국립 공원이 있어요.
특이한 자연 현상 덕분에 만들어진 자연물 주변이 국립 공원이 되기도 해요.
미국 옐로스톤 국립 공원의 온천
또 어떤 공원은 희귀한 동물들의 보금자리를 지켜 주어요.
콩고 민주 공화국 비룽가 국립 공원의 산고릴라
옛 자연을 그대로 보호하려는 공원도 있어요. 오늘날에는 개발이 이루어지면서 그런 곳이 많이 사라졌거든요.
캐나다 그래스랜드 국립 공원의 프레리독
오스트레일리아에 국립 공원이 가장 많이 있는데, 무려 684개나 되지!
그렇지만 가장 큰 국립 공원은 그린란드에 있어.
오스트레일리아는 참 멋져!
음….
그린란드에도 뭐가 있었는데….

이튿날
비아워비에자숲에는
아주 거대한 나무들이
많이 자라고 있어요.
그중 가장 오래되고
큰 나무는
참나무예요.
이 비아워비에자숲참나무가 바로
그 주인공이에요. 나이는 450살 정도에
키는 40미터가 넘고,
둘레는 거의 7.5미터나 된답니다.
세상에서 가장 오래된 나무는 거의 5천 살로 추정되는 소나무예요.
가장 오래되었다고 해서 거목은 아니에요.
이 나무들은 비가 몹시 적게 내리는 높은 산의 바위 지대 같은
척박한 땅에서 아주 느리게 자라요. 미국 서부에 살고 있어요.
내 나이는
4,800살이 넘어.
지금 누가
말했어?
뭐가
지나갔나 보지.
클라크잣까마귀
학자들은 가장 오래된 소나무를 지키기 위해서 이 나무의 생김새와 위치를 비밀로 하고 있어요.
기원전 2832년에 이 나무가 싹을 틔웠을 때, 세상은 지금과 아주 달랐을 거예요.
지구에는 오늘날 우리나라 인구보다도 더 적은 사람들이 살고 있었겠죠. 그때는 철이 발견되기 전이라
청동으로 도구를 만들었어요. 메소포타미아, 이집트, 인더스 계곡, 중국, 페루에서는
최초의 문명이 발달하고 있었지요.

비아워비에자숲참나무가 아직 어렸던 1569년,
세상에는 신문도 없었어요. 폴란드는 지그문트 2세 아우구스트 왕이
다스렸고, 우리나라는 조선 14대 왕 선조가 다스리고 있었어요.
또한 미국에서 유럽으로 감자가 처음 건너갔답니다.
그 무렵
비아워비에자숲에서는
양봉가가 벌을 쳤어요.
벌집
양봉가
양봉가는 주로 소나무처럼
커다란 나무의 높은 곳에
큰 구멍을 뚫었어요.
그러고는 '블루베리'라는 야생 벌을 꿀과
허브로 유인해 구멍 안에 집을 짓게 했어요.
연기를 피워 벌한테 겁을 주면서
꿀과 밀랍을 채집했는데,
한눈팔다가 종종 숲에
불을 내기도 했지요.
지금은 숲에서 벌을 치는 사람이
없어진 지도 100년이 넘었어요.
낡은 벌집들은 이제
구경거리로 남았을 뿐이에요.
여기에는 오록스나 타르판처럼
오래전에 사라진 동물들도 살았어요.
오록스는 수천 년 동안 유럽과 아시아의
숲에 서식했어요. 그러나 사람들이
오록스를 마구 사냥한 탓에 13세기에
이르러서는 동유럽에만 적은 수가 겨우
남았어요. 마지막 오록스는 1755년에
프러시아의 포모제 지방에서 죽었어요.
오록스
타르판
나쁜 사람들 같으니라고!
불도 냈잖아!
옛날에는 숲에 큰곰도
살았어요. 그러나 19세기에
사냥꾼들의 손에
죽고 말았어요.
곧 내 차례인가….
타르판은 자그마한 야생마인데
19세기 말에 멸종했어요.
비아워비에자 국립 공원에는
멸종한 타르판과 비슷한
코닉이라는 말을 키우는
사육장이 있어요.
내가 바로
비아워비에자숲참나무야.
450년 전에는 요만했지.

울라의 공책

비아워비에자 국립 공원

동유럽의 저지대에 있어요.

대부분 숲으로 이루어졌어요.

숲에는 유럽서어나무, 유럽피나무, 참나무, 단풍나무, 가문비나무가 가장 많아요.

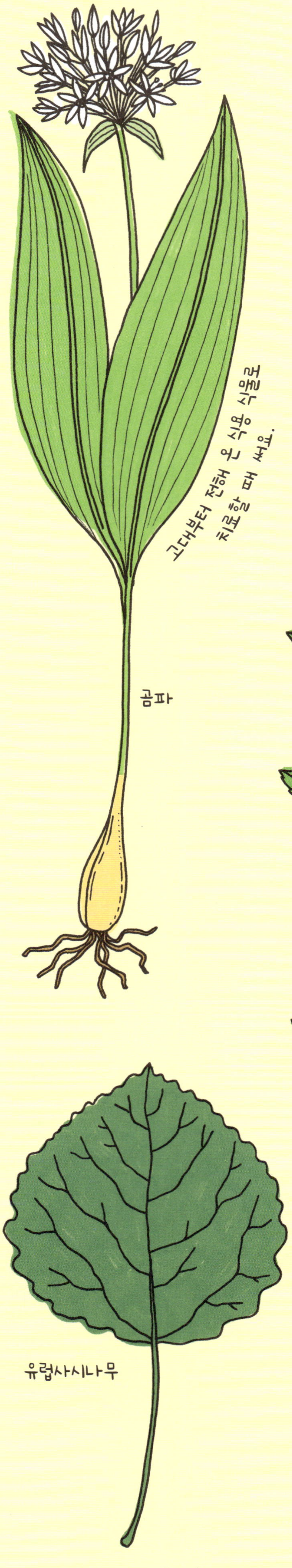

* 그림 옆에 별다른 표시가 없으면
울라가 그린 그림은 실물 크기예요.

수요일
비둘기 보여?
두 시간 뒤
나레프카 계곡
어딘지는 안토니가
얘기해 주지 않았지?
사실은…
안 물어봤어.
저기 있는 것
같은데….
맞아, 그 애야!
쏙독새 헤니오도
보이네.
헤니오,
같이 햇볕을 쬐어 줘서 고마워.
아무튼 여기 사는 애들은
겁이 너무 많아.
흠.
내가 말했지.
우린 도시에서도 살아.
넌 이사 가고 싶지 않아?
별로.
시청 건물 창문 아래에
빈자리가 하나 있거든.
시청이라니까. 와 볼 만해.
그나저나 오늘
왜 그렇게 축
늘어져 있어?
밤새 날아서
너무 지쳤어.
안녕!
어, 안녕.
으아아악!
왜 그래?
무슨 일이야?!
에헴…,
아무것도 아냐.
얘는 도시에 살거든.
잠시 뒤
아, 그랬구나.
나라도 무서웠을 거야.
우리는 미국에 가고 싶은데,
뭐부터 시작해야 할지
몰라서 찾아왔어.

흠, 미국에 가겠다고?
너라면
잘 알 것 같아서.
그럼, 물론이지!
어디 보자….
우선 비행기표를
사야 할 것 같은데….
내가 하려던 말이
그거야!
인터넷으로 사는 게
가장 낫겠지?
난 공항에
가 본 적이
없는데….
별일 아니야.
전혀 어려울 거 없어!
난 공항에
많이 가 봤거든.
완벽해!
우린 딱 너 같은
친구가 필요해!
너 우리랑
같이 가지 않을래?
필립의 방문을 환영합니다!
우아!
그래, 좋아!
잘됐다!
며칠 뒤
너희 뭐 해?
여행 준비하고 있어.
hrrrr...
내 칫솔 좀 짐에
넣어 줄 수 있니?
당연하지.
더 필요한 건 없고?
음…,
뭐가 필요하지?
나는 준비
다 끝났어.
울라의 공책

일주일 뒤, 공항
이제 뭐 하면 돼?
음….
그게….
잘 모르겠어.
공항에 여러 번
와 봤다며?
나 화장실 좀
다녀올게.
두 시간 뒤
아직 멀었어?
방금 뭐였지?
엔진이
멈췄나 봐!
아홉 시간 뒤

미국 공항
여권 주세요.
나도 평범한 여행객처럼 보여?
응. 다른 사람들이랑 비슷해.
여섯 시간 뒤, 몬태나주의 도로
고맙습니다.
치아시드 있어요?
울라의 공책
비아워비에자 국립 공원
폴란드
옐로스톤 국립 공원
미국
대서양
YELLOWSTONE
ATIONAL
PARK
NATIONAL PARK SERVICE
드디어 도착했다….
근데 나 졸려….

옐로스톤 국립 공원

★ 미국 ★ 면적: 8,991km² ★ 설립 연도: 1872년 ★

매머드 온천
와피티사슴
가지뿔영양
러마 계곡
옐로스톤강
말코손바닥사슴
캐나다스라소니
회색늑대
퓨마
클라크송어
옐로스톤 호수
로지폴소나무
아메리카오소리
아메리카너구리
아메리카흑곰
큰까마귀
흰머리수리
붉은스라소니
아메리카
붉은다람쥐
줄무늬스컹크
노새사슴
코요테

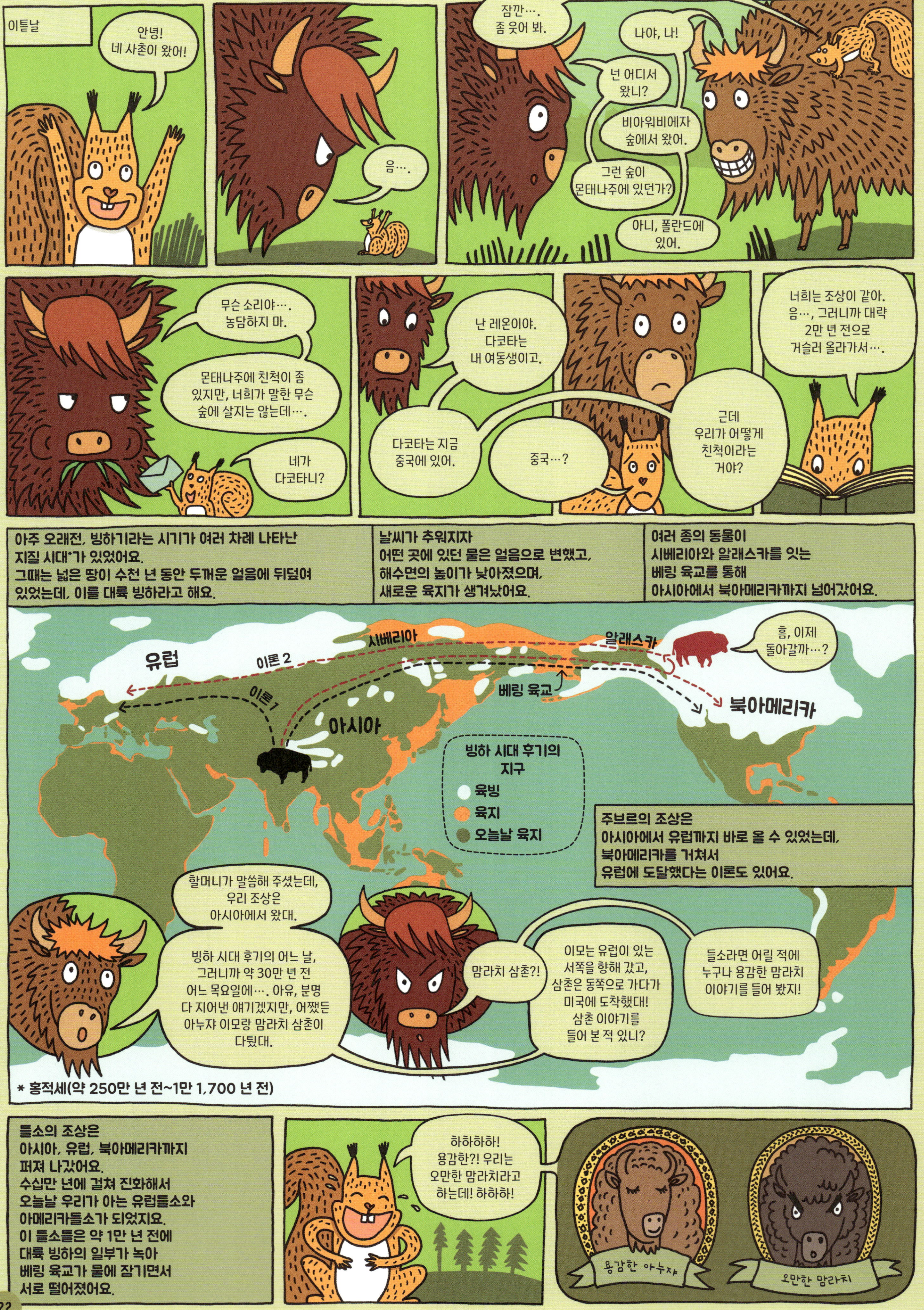
이튿날
안녕! 네 사촌이 왔어!
음….
잠깐…. 좀 웃어 봐.
나야, 나!
넌 어디서 왔니?
비아워비에자 숲에서 왔어.
그런 숲이 몬태나주에 있던가?
아니, 폴란드에 있어.
무슨 소리야…. 농담하지 마.
몬태나주에 친척이 좀 있지만, 너희가 말한 무슨 숲에 살지는 않는데….
네가 다코타니?
난 레온이야. 다코타는 내 여동생이고.
다코타는 지금 중국에 있어.
중국…?
근데 우리가 어떻게 친척이라는 거야?
너희는 조상이 같아. 음…, 그러니까 대략 2만 년 전으로 거슬러 올라가서….
아주 오래전, 빙하기라는 시기가 여러 차례 나타난 지질 시대*가 있었어요. 그때는 넓은 땅이 수천 년 동안 두꺼운 얼음에 뒤덮여 있었는데, 이를 대륙 빙하라고 해요.
날씨가 추워지자 어떤 곳에 있던 물은 얼음으로 변했고, 해수면의 높이가 낮아졌으며, 새로운 육지가 생겨났어요.
여러 종의 동물이 시베리아와 알래스카를 잇는 베링 육교를 통해 아시아에서 북아메리카까지 넘어갔어요.
유럽
이론 2
이론 1
시베리아
알래스카
베링 육교
아시아
북아메리카
흠, 이제 돌아갈까…?
빙하 시대 후기의 지구
육빙
육지
오늘날 육지
주브르의 조상은 아시아에서 유럽까지 바로 올 수 있었는데, 북아메리카를 거쳐서 유럽에 도달했다는 이론도 있어요.
할머니가 말씀해 주셨는데, 우리 조상은 아시아에서 왔대.
빙하 시대 후기의 어느 날, 그러니까 약 30만 년 전 어느 목요일에…. 아유, 분명 다 지어낸 얘기겠지만, 어쨌든 아누샤 이모랑 맘라치 삼촌이 다퉜대.
맘라치 삼촌?!
이모는 유럽이 있는 서쪽을 향해 갔고, 삼촌은 동쪽으로 가다가 미국에 도착했대! 삼촌 이야기를 들어 본 적 있니?
들소라면 어릴 적에 누구나 용감한 맘라치 이야기를 들어 봤지!
* 홍적세(약 250만 년 전~1만 1,700 년 전)
들소의 조상은 아시아, 유럽, 북아메리카까지 퍼져 나갔어요. 수십만 년에 걸쳐 진화해서 오늘날 우리가 아는 유럽들소와 아메리카들소가 되었지요. 이 들소들은 약 1만 년 전에 대륙 빙하의 일부가 녹아 베링 육교가 물에 잠기면서 서로 떨어졌어요.
하하하하! 용감한?! 우리는 오만한 맘라치라고 하는데! 하하하!
용감한 아누샤
오만한 맘라치

우리 책에서는 달라!
앗, 이러다 우릴 안 재워 주면 어쩌지….
욱하는 아누쟈
용감한 맘라치
아, 그렇지만 맘라치가 약간 오만하기는 했어….
얘들아! 우리 사촌이 왔어. 인사해!
아니, 정말 괜찮은데….
뭐라고 하는지 잘 안 들려.
…
잘생겼네.
뭐? 폴란드에서 왔다고?
말도 안 돼! 공항에서 쉽게 통과시켜 줬을 리가 없어.
좀 희한하게 생겼다.
유럽에서 왔다잖아.
같은 시간, 공원의 다른 구역
들었어? 주브르가 왔대.
주브르가 뭐야?
자브르가 왔대….
얘들이 자브라가 왔다던데.
지브라(얼룩말) 아닌가….
엄마, 지브라가 왔대요!
몇 시간 뒤…
옛날에는 우리 아메리카들소가 훨씬 많았어.

몇 세기 전까지만 해도 들소 수백만 마리가 북아메리카 전역에 살았어요.
미국의 대초원에 몇 마리가 살았는지는 짐작만 할 수 있어요. 리처드 어빙 도지 대령이 어마어마한 들소 떼 이야기를 해 주었거든요. 대령은 1871년에 들소 떼를 따라서 마차를 타고 40킬로미터가 넘는 길을 이동했다고 해요.
…백이십팔, 백이십구….
이와 비슷한 이야기를 바탕으로 학자들이 들소 수를 계산해 봤더니 무려 6천만 마리라는 수치가 나왔어요. 그러나 후대의 연구자들은 그 수치가 너무 과장되었다는 결론을 내렸어요. 한 가지 확실한 사실은, 수백만 마리는 됐을 거라는 점이죠.
북아메리카
알래스카
캐나다
미국
멕시코
아휴, 좁아!
초기에 들소들이 살던 지역
아주 오래된 들소 사냥법 중 하나는 소들을 경사진 벼랑으로 모는 것이에요. 다친 들소들을 벼랑 밑에서 기다리면 사냥감을 매우 쉽게 얻을 수 있었지요.
북아메리카에 처음 정착한 사람들은 생존을 위해 들소를 사냥했어요. 들소는 고기만 주는 게 아니었어요. 들소를 잡으면 버릴 게 없었지요. 사람들은 들소를 잡아 옷도 짓고 생활용품도 만들었으며, 심지어 약이나 무기, 보석까지 만들었어요.
들소가 우리를 눈치챈 것 같아?
아, 늑대들이네….
사냥꾼들은 들소를 놀래키지 않으려고 늑대 가죽을 뒤집어썼어요. 그렇게 변장한 덕분에 들소들을 제대로 공격할 만큼 가까이 갈 수 있었지요.
조금 이상해 보였을지는 몰라도, 들소들은 도망갈 생각은 하지 않았어요. 들소는 스스로를 훌륭하게 지켜 낼 수 있는 강하고 큰 동물이거든요. 건강한 어른 들소는 한두 마리의 포식자를 겁낼 이유가 없었어요. 늑대가 들소 사냥을 하려면 한 무리 정도는 이루어야 했고, 그렇게 떼로 몰려왔어도 어리거나 아픈 들소만 표적으로 삼았어요.
당시 아메리카 원주민들은 들소가 한 마리라도 도망가면 다음 사냥은 실패한다고 믿었어요.
저기 마지막 한 마리까지 잡아! 자기 무리한테 가서 알리면 큰일 나!
그들은 들소가 끝없이 많을 거라고 생각했어요.
아빠, 들소들이 없어지면 어떡해요?
바보 같은 생각이야, 아들아. 들소들은 절대 사라지지 않는단다.
16세기 초에 유럽에서 미국으로 넘어온 이주민들이 정착하기 시작했어요. 사람들은 대륙 서쪽으로 한참을 이동하면서 집을 짓고 길을 닦고 철도를 건설했어요.
BAKERY
SHOES
WASH!
그들은 말과 총기를 가져왔어요. 사냥이 더 쉬워졌지요.
소들은 총소리를 무서워하지 않았어요.
탕!
나는 버펄로 빌이다. 4,280마리의 들소를 죽였지!
이게 무슨 소리야?
천둥소리겠지, 뭐.

풀이 빽빽한 초원은
들소뿐 아니라 젖소나 말이
식사할 수 있는 곳이기도 했어요. 그런데
유럽에서 데려온 젖소들이
병을 퍼뜨렸고, 들소들은
이 병에 면역력이 없었어요.
1869년에
미국 동부와
서부를 연결하는
최초의 철도 노선이
완공됐어요.
오늘 점심
뭐 먹을래?
또 들소
고기지….
백인 정착민들은 고기와 가죽을 얻으려고,
때로는 그저 재미로 들소를 죽였어요.
핑!
팡!
뼈로는 거름을
만들었어요.
유럽 출신 이주민들은 원주민들과 땅을 두고
다투었어요.
우리가
들소를 모두 죽이면
인디언들은 먹을 것이
없어지겠군!
19세기 말에 이르자 북아메리카 전역에는 들소가
겨우 천 마리 정도만 남았어요.
저기,
다들 어디 갔어?
여기 누구
없어요?!
어떤 사람들은
들소가 초원에서 영영
사라지기 전에 어린 들소를
잡아서 기르기로 했어요.
지금처럼 많은 들소가
살아남을 수 있었던 것은
이 사람들 덕분이죠.
들소를 길렀던 사람들을
한번 볼까요?
프레더릭과
메리 앤 뒤피
엄마?
몰리와 찰스 굿나잇 부부
거봐,
내가 좋은 생각이라고
했지!
?
새뮤얼 워킹 코요테와 메리 서빈
찰스 '버펄로' 존스
개인 사육자들과 미국 들소 보호 협회
그리고 미국과 캐나다 정부의 도움 덕분에
20세기 초에는 아메리카들소의 개체 수가
다시 늘어났어요.
들소 떼는 미국 전 지역에 있는 보호 구역에
조금씩 모습을 드러냈어요. 그중 한 곳은 1908년에
국립 들소 보호 구역이 되었어요.
옐로스톤 국립 공원은
미국에서 들소들이 선사 시대부터 지금까지
쭉 자유롭게 살고 있는 유일한 장소야.
20세기 초만 해도 우리는 겨우 20마리
남짓 남았어. 하지만 지금은 옐로스톤에
수천 마리의 들소가 살고 있지.
오늘날 북아메리카에 사는 들소는
50만 마리가 넘지만, 자유롭게 사는
들소는 일부에 지나지 않아.
이제 자러
가야겠어!
가끔은
아무도 신경 쓰지 않는
작은 동물이라서
좋을 때도 있구나….

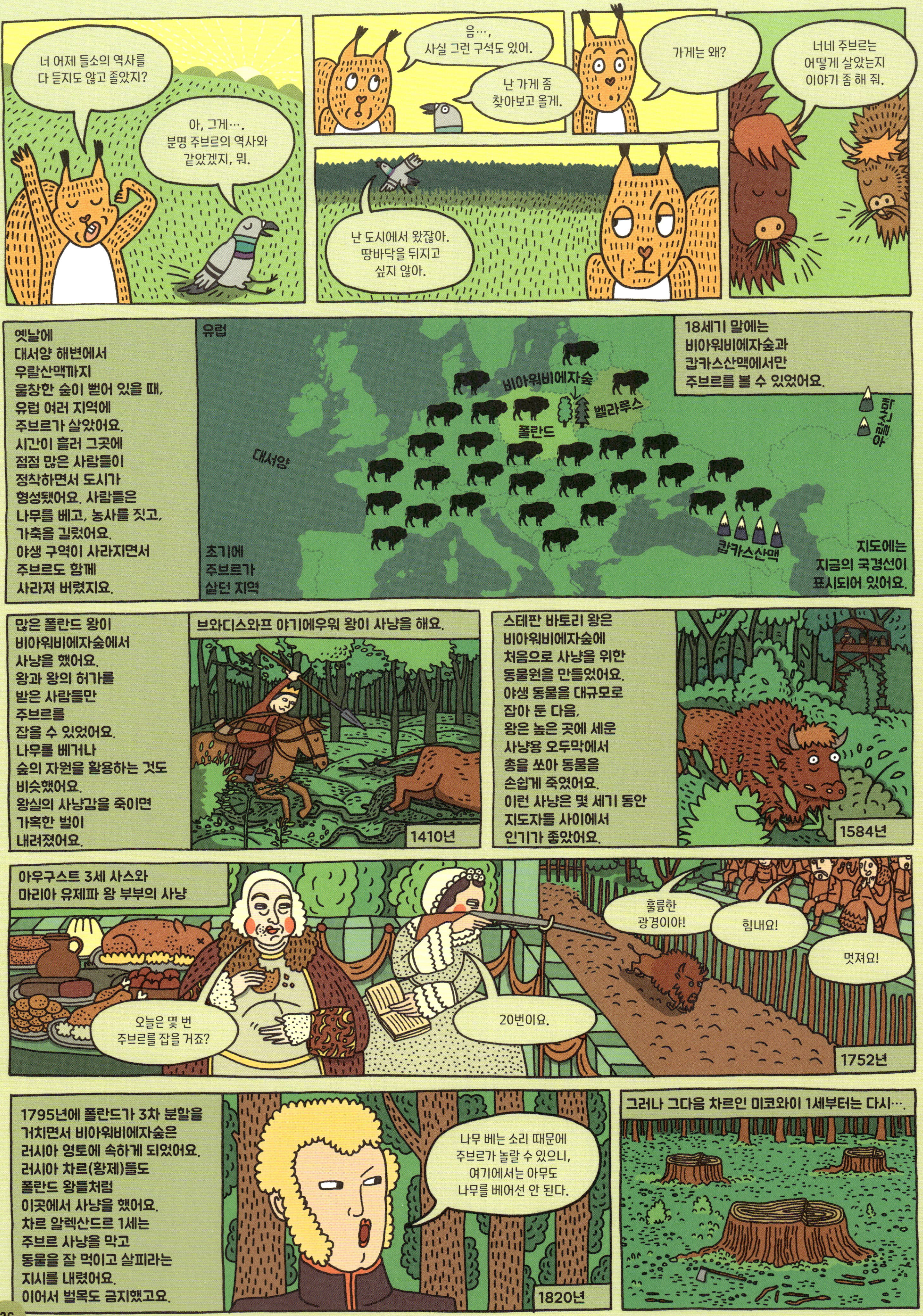
너 어제 들소의 역사를 다 듣지도 않고 졸았지?
아, 그게…. 분명 주브르의 역사와 같았겠지, 뭐.
음…, 사실 그런 구석도 있어.
난 가게 좀 찾아보고 올게.
가게는 왜?
난 도시에서 왔잖아. 땅바닥을 뒤지고 싶지 않아.
너네 주브르는 어떻게 살았는지 이야기 좀 해 줘.
옛날에 대서양 해변에서 우랄산맥까지 울창한 숲이 뻗어 있을 때, 유럽 여러 지역에 주브르가 살았어요. 시간이 흘러 그곳에 점점 많은 사람들이 정착하면서 도시가 형성됐어요. 사람들은 나무를 베고, 농사를 짓고, 가축을 길렀어요. 야생 구역이 사라지면서 주브르도 함께 사라져 버렸지요.
유럽
대서양
비아워비에자숲
벨라루스
폴란드
우랄산맥
캅카스산맥
초기에 주브르가 살던 지역
18세기 말에는 비아워비에자숲과 캅카스산맥에서만 주브르를 볼 수 있었어요.
지도에는 지금의 국경선이 표시되어 있어요.
많은 폴란드 왕이 비아워비에자숲에서 사냥을 했어요. 왕과 왕의 허가를 받은 사람들만 주브르를 잡을 수 있었어요. 나무를 베거나 숲의 자원을 활용하는 것도 비슷했어요. 왕실의 사냥감을 죽이면 가혹한 벌이 내려졌어요.
브와디스와프 야기에우워 왕이 사냥을 해요.
1410년
스테판 바토리 왕은 비아워비에자숲에 처음으로 사냥을 위한 동물원을 만들었어요. 야생 동물을 대규모로 잡아 둔 다음, 왕은 높은 곳에 세운 사냥용 오두막에서 총을 쏘아 동물을 손쉽게 죽였어요. 이런 사냥은 몇 세기 동안 지도자들 사이에서 인기가 좋았어요.
1584년
아우구스트 3세 사스와 마리아 유제파 왕 부부의 사냥
오늘은 몇 번 주브르를 잡을 거죠?
20번이요.
훌륭한 광경이야!
힘내요!
멋져요!
1752년
1795년에 폴란드가 3차 분할을 거치면서 비아워비에자숲은 러시아 영토에 속하게 되었어요. 러시아 차르(황제)들도 폴란드 왕들처럼 이곳에서 사냥을 했어요. 차르 알렉산드르 1세는 주브르 사냥을 막고 동물을 잘 먹이고 살피라는 지시를 내렸어요. 이어서 벌목도 금지했고요.
나무 베는 소리 때문에 주브르가 놀랄 수 있으니, 여기에서는 아무도 나무를 베어선 안 된다.
1820년
그러나 그다음 차르인 미코와이 1세부터는 다시….

숲에는 밀렵꾼도
있었어요.
차르 알렉산드르 2세를 위한
대사냥이 꾸려지기도 했어요.
1860년
알렉산드르 2세는 숲에 있는
늑대와 스라소니를 죽이라고
지시했고, 이 동물들은 머지않아
숲에서 완전히 사라졌어요.
알렉산드르 2세는 포식자들이
주브르와 다른 사냥감을
위협한다고
생각했던 거예요.
제1차 세계 대전 때는
독일군이 숲을
차지했어요.
이 주브르만 한 게
없어.
차르는 프슈치나의 왕자 얀 헨리크 11세에게
주브르 네 마리를 주고
사슴 스무 마리를 받았어요
(사슴은 18세기에 숲에서 사라졌어요).
1865년
주브르는 몇백 년 동안
왕실의 사냥 놀이에
이용당했어요.
법과 명령을 통해
숲의 사용을 제한하기도 했지만,
숲의 주인이 자주 바뀌는 바람에
제대로 보호되지 않았고
그나마도 한시적일 뿐이었어요.
집중 사냥과 밀렵, 벌기, 전쟁 때문에
많은 동물이 숲에서 사라졌는데,
주브르도 그중 하나예요.
1919년에 비아워비에자숲에 있던
마지막 주브르가 죽었어요. 자유롭게 방목하여 살던
캅카스의 주브르도 겨우 몇 년을 더 살고
1927년에 세상을 떠났어요.
이제 어쩌지?
사육장에서 주브르를 기르던 유럽 국가가
이 동물을 구하는 일에 동참하기로 했어요.
그때 순종 주브르는 전 세계에 54마리밖에 남아 있지 않았어요
(순종이란 조상 가운데 다른 들소나 캅카스산 들소가 없는
주브르를 가리켜요).
얘는 순종인가?
어디
보자….
숲에 울타리를 쳐서 보호 구역을 만들고,
해외 사육장에 있던 주브르를 이곳으로 데려왔어요.
Wo sind wir?*
(독일어)
Jag förstår inte
vad du säger.**
(스웨덴어)
* 우리 지금 어디 있는 거야? ** 미안, 네가 무슨 말을 하는지 모르겠어.
1929년
숲의 일부를 국립 공원으로
지정했어요.
1932년
안타깝게도 주브르 사육장은 별 효과가 없었어요.
프슈치나에서 살던 수소 플리슈(알렉산드르 2세가 준 주브르의 후손)가
비아워비에자숲 보호 구역에 오고 나서야 성과가 보였고
플리슈는 1년 뒤에 처음으로 아빠가 되었어요.
POLKA
이 송아지의
이름은 폴카로
해요!
1937년
주브르는 폴란드에서
보호 동물로
지정됐어요.
휴….
1938년
숲에 있던
주브르 17마리는
제2차 세계 대전을 겪고도
살아남았어요.
1952년에는
주브르 두 마리를
농장에서 숲으로 방사했어요.
오늘날 폴란드령
비아워비에자숲에는
500마리가 넘는
주브르가 살고 있어요.
그 주브르들은 대부분
플리슈의 후손이에요.
고조할아버지
플리슈는 새끼를
45마리나 낳았어.
유럽에는 지금 수천 마리의
주브르가 자유롭게 살고 있단다.
폴란드, 벨라루스, 라트비아,
독일, 러시아, 우크라이나,
루마니아, 슬로바키아 등지에서
볼 수 있지.
아, 그런데
말이야….
여기는 왜 이렇게
곳곳에서 연기가
나니?

왜냐하면 지금
우리가 서 있는 곳이
화산이거든.
음….
어….
화산은
꼭대기가 부글부글 끓는
커다란 산이잖아.
근데 화산 같은 건
하나도 안 보이는데?
만일
여기에 산이 있었다면
진작에 폭발했겠지.
화산이 마지막으로
분화한 뒤 벌써 몇천 년이
지났지만, 이래 봬도 아직 활동
중인 초화산(슈퍼 화산)이야.
초화산
24시간
개장
옐로스톤의
칼데라(면적 3,960제곱킬로미터)는
약 63만 년 전
마지막으로 초화산이 폭발한 뒤에
만들어졌어요.
땅속 깊은 곳의
거대한 공간에 모인 마그마가
아주 큰 압력을 받아
지표면을 찢어 버릴 정도로 엄청난 폭발을
일으키면 초화산이 탄생해요.
1,000세제곱킬로미터 이상의
마그마, 먼지, 화산재를
공중으로 분출해 넓은 지역에
크나큰 피해를 입힐 수 있어요.
과학자들은
수천, 수백만 년 전에 지구 곳곳에서
이런 화산 폭발이 일어난
흔적을 발견했어요.
초화산!
그럼 이 화산도
폭발할 수 있겠네?
악!
언젠가는 폭발하겠지.
그렇지만 지금은 아닐 거야.
한 가지는 분명해.
지표면 수 킬로미터 아래에는
뜨거운 마그마가 있고,
그 마그마가 계속 위로
밀려오고 있다는 거야.
그래서 공원의
어떤 땅은 솟아오르고,
어떤 땅은 아래로
꺼지고 있어.
그럼
이 모든 게
마그마
때문이야?
응, 맞아.
게다가 우리는 날마다
지진을 느끼지. 심지어
하루에 여러 번 느낄 때도 있어.
다행히 지진의 강도는
매우 약해.
마그마가 있는
지하 공간은 어마어마해요.
가장 넓은 공간의 면적은
무려 3,600제곱킬로미터나 되고,
지하 50킬로미터 아래에서 끓고 있답니다.
울라, 우리 언제
집으로 돌아가?

마그마 덕분에 여기에 볼거리가 많은 거야. 예를 들어 물웅덩이가 높은 온도로 데워져서 만들어진 온천이라든지.
온천은 빗물이나 강물이 돌 틈새를 통해 땅 밑으로 내려가면서 생겨.
그런 온천에는 보통 뜨거운 것을 좋아하는 박테리아가 살기 때문에 물이 다양한 색을 띠지.
아니, 아니. 박테리아는 이렇게 생겼어.
분기공
화산 가스가 땅속에서 빠져나오는 구멍이에요. 수증기공, 유기공, 탄산공이 있어요.
간헐천
이화산
온천
지하에서 마그마가 데운 물이 다시 지상으로 올라오는 거야.
이화산은 물이 많지 않고 지하에 황화 수소가 있는 곳에서 생겨요. 황화 수소는 썩은 달걀 냄새가 나는 유독 가스예요. 물과 황화 수소로 이뤄진 황산은 암석을 녹여 진흙을 만들어요. 가열된 물과 진흙이 섞여서 끓는 진흙탕 형태가 되어 땅 위로 흘러나와요.
간헐천은 물이 지표면으로 나오는 도중에 지하의 빈 구멍과 만나서 생기는 온천이에요. 물의 압력과 온도가 올라가서 일정 시간마다 물줄기가 갑작스럽게 뿜어져 나와요.
땅속으로 흘러들어 가는 물
마그마에 의해 데워진 물
뜨거운 마그마
너 들었어? 화산, 움직이는 마그마, 지진, 위험하고 뜨거운 웅덩이, 이상한 박테리아….
여기에 늑대라도 없어야 할 텐데.
늑대라면 여기 있어!
앗, 그거참….
늑대 정도는 괜찮아. 여기에 사람들이 많이 오는 게 가장 안 좋은 일이지.
그러게. 그건 정말 끔찍하다.
넌 지브라가 아니네? 아쉽다….
뭐라고?!
유감이지만, 나도 늑대를 별로 좋아하지 않아….

흥….
아무도 늑대를 좋아하진 않지. 그렇지만 우리가 여기서 사라졌던 시절에는 정말이지 모든 게 너무 안 좋았다고!
엄마가 그렇게 말해 줬어.
무슨 소리야? 너희가 없었을 때가 안 좋았다니? 그것도 모두에게? 말도 안 돼.
진짜로 모두에게 큰일이었다니까! 아니, 거의 대부분! 특히 비버한테! 어쨌든 대체로 그랬어!
맙소사, 진정해. 너는 참 예민한 꼬마 늑대구나….
나는 아주 차분해.
그나저나 늑대가 없는 게 왜 비버한테도 안 좋았어?
그게 말이지!
한곳에 사는 동식물은 서로 영향을 주고받아요. 공기, 물, 토양처럼 주변을 둘러싼 모든 요소가 한데 모여 전체를 이루는데, 이것을 생태계라고 해요. 예를 들어 숲이나 계곡, 산호초 같은 게 있어요.
20세기 초에는 생태계라는 개념이 잘 알려지지 않았어요. 동물은 착한 동물과 나쁜 동물로 나뉘었어요. 좋은 동물이란 사람을 위협하지 않고 식량이 되어 주는 초식 동물을 가리켰어요. 나쁜 동물은 늑대와 코요테, 퓨마, 스라소니, 곰 같은 육식 동물을 말했어요.
옐로스톤 호수 주변에 점점 많은 사람들이 정착하면서 인간과 늑대 사이의 문제가 커져 갔어요. 사람들은 집을 지어 늑대들이 사는 공간을 빼앗았고, 사냥을 해서 늑대의 먹이까지 빼앗았어요. 늑대는 생존을 위해 농장의 가축을 공격하기 시작했어요.
농부들과 사냥꾼들은 늑대에게 맞서 싸웠어요. 그리고 공원을 방문하는 관광객들은 '좋은' 사슴을 보고 싶어 했지요. 그래서 사슴을 잡는 '나쁜' 늑대를 공원 안팎에서 마구 죽였어요.
사슴은 정말 좋은 동물이야!
사냥도 할 수 있고, 그냥 보기만 해도 좋지. 늑대랑은 달라….
1920년대에 옐로스톤에서 살던 마지막 늑대 가족이 사람 손에 죽었어요. 같은 시기에 거기 살던 퓨마도 죽었고요. 주요 포식자가 사라진 결과는 도저히 상상도 못 할 정도였어요.

포식자들이 사라지자,
평화를 찾은 사슴들은 게을러졌어요.
점점 늘어난 사슴들은 먹고, 먹고, 먹고,
또 먹었어요. 사슴을 위협하는 상대가
아무도 없어서 잘 움직이지도 않았어요.
사슴이 어린 나무를 전부 뜯어 먹어 버려서
나무가 더는 자라지 못했어요.
더 갈까?
아니,
움직이기 싫어….
비버가 먹거나
보금자리를 만드는 데 쓰는
버드나무며 사시나무까지
사슴이 모조리 먹었어요.
그러자 마침내 비버도
옐로스톤 북부에서 모습을
감추었어요.
비버가 없어지자
습지는 개울로 변했어요.
많은 새들이 둥지를 지을
장소를 잃었고
곤충류, 양서류, 말코손바닥사슴,
수달, 물고기 들도
살 곳이 사라졌어요.
한편 늑대가 없어지면서
코요테의 수가 늘어났어요.
코요테는 가지뿔영양, 여우,
작은 설치류, 조류를 죽였어요.
이제 코요테가
생태계의 최상위
포식자가 되었어요.
이제 내 위에는
아무도 없어!
까마귀, 독수리, 까치, 코요테, 곰
그리고 사체를 먹는 다른 동물들은
그전까지만 해도 늑대가 사냥한 동물을
같이 먹었는데, 이제는 그럴 수 없었어요.
늑대가 잡은 동물을 나눠 먹는 일은
먹이를 찾기 힘든 겨울과 이른 봄에
특히나 중요했어요. 곰들은 그때
겨울잠에서 깨어나고요.
점심밥이
어떻게 된 거야?
대체
무슨 일이람!
시간이 흐르면서 사람들은
생태계가 균형을 유지하려면
어느 한 가지도 빠져선 안 된다는
사실을 깨달았어요.
옐로스톤에 늑대를 돌려 놓으려는
첫 번째 계획은 20세기 중반에 세워졌어요.
1995년에야 늑대 14마리를 공원에 데려오면서
그 계획이 실현됐어요.
늑대들은 소와 양에게 해를 끼치고
그곳에 사는 사람들에게 큰 적대감과
두려움을 불러일으켰어요.
그래서 이 포식자들이 옐로스톤으로 돌아오는 것을 두고
여러 이야기가 오갔지요.
온갖 논쟁이 있었지만 계획은 성공적이었어요.
지금은 많은 관광객들이
늑대를 보려고 옐로스톤 공원을 찾아요.
공원에는 적어도
여덟 무리의 늑대 가족이 있고, 모두 합하면
60마리가 넘게 살고 있어요(공원 바깥
구역까지 포함한 옐로스톤 생태계
전체에서는 그 수가 5배 더 많아요).
이제 우리는 생태계에서 한 요소의
변화가 다른 다양한 요소들의 변화와도
맞닿아 있다는 사실을 알아요.
물론 언뜻 보기에는
관련이 없는 일 같기도 하지만요.
옐로스톤의 경우에는 늑대가 사라진 것이
사슴의 개체 수뿐만 아니라 다른 많은
동식물의 수와 다양성에도 영향을 끼쳤어요.
늑대가 사라지면서
옐로스톤에 많은 변화가
일어났다는 것은
의심할 여지가 없는 사실이에요.
그러나 그 원인이
하나만은 아니에요.
생태계는 매우 복잡한 퍼즐과 같아서
동식물을 비롯해
기후, 가뭄, 화재, 그 밖에
아직 연구되지 않은
여러 요인의 영향을 받아요.

울라의 공책

옐로스톤 국립 공원

평평한 고원에 위치하고 있어요. 평균 해발 고도는 2,400미터랍니다.

가장 높은 지점은 이글 피크로, 해발 고도 3,462미터예요.

공원의 80퍼센트는 숲으로 이루어졌어요.

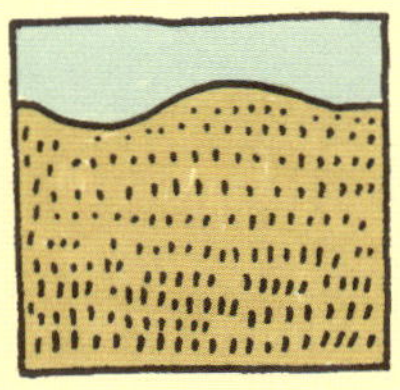

대초원이 15퍼센트이고 호수와 강이 5퍼센트예요.

로지폴소나무

옐로스톤 숲의 80퍼센트는 로지폴소나무 군락지예요.

엥겔만스프루스

라시오카르파전나무

북미사시나무

더글러스전나무

스코풀로룸향나무

옐로스톤 국립 공원에는 십수 종의 버드나무가 자라나요. 주로 사슴 종류의 동물이 먹이로 삼고, 비버는 이 나무로 댐을 쌓아요.

가는잎미루나무

큰산버들

샌드바버들

글라브룸단풍
옐로스톤
모래 버베나
이 식물은 옐로스톤에서만
볼 수 있어요.
쉼퓌오트리쿰 폴리아세움
빅 세이지브러시
야생메밀
온천 주변에서
자라요.
트위디골풀
인디언 페인트브러시

2주 뒤
랄랄라~
쿠바,
너한테 편지 왔어.
으악!
살려 줘!
늑대다!
다코타가
보낸 편지네!
나한테 온 건
없어?
친애하는 쿠바에게
옐로스톤에는 무사히 도착했니? 레온이 잘 챙겨 줬어? (오빠가 조금 눈치가 없고 무식하지만 신경 쓰지 마. 본래 그래.) 늑대들은 정말 지루하고 자기 얘기만 하니까 말을 섞지 않도록 명심하고.
안타깝게도 나는 예정보다 일찍 떠나야 했어. 지금 중국으로 가는 길인데, 혹시 합류하고 싶다면 이리로 와. 나는 두 달 동안 주자이거우 계곡에 있는 판다 민민네 집에 머무를 거야. 잘 지내기를 빌어.
다코타
이런….
어쩔 수 없지!
중국에 가자!
…
뭐? 무식하다고?
다코타는
음식에 관한 책을 쓰고 있어.
"방방곡곡 채식주의자들"
이라나…. 대나무를 맛보고,
야크나 소랑 인터뷰를 한다며
떠났어.
마치 여기가 별로라는 듯이
말이지! 그렇지만 옐로스톤은
최고야! 미국의 세렝게티라고
불리기도 한다고!
늑대를
많이 보기에는
여기만 한 곳이
없어!
고맙지만 괜찮아.
나는 한 마리만으로도
충분해.
멋진 늑대
이야기가 하나 더
있는데!
좋아, 해 줘!
나 같은
검은 늑대가
어디서 왔는지
얘기해 줄게.
선사 시대 늑대
회색늑대
개
늑대와 개는 조상이 똑같아.
우리는 못해도 2만 7천 년 전에
뿌리가 나뉘었지만, 아주 비슷하기 때문에
서로 교배*해서 건강한 자손을
낳을 수가 있어.
* 성이 다른 개체끼리 번식하는 것
펠라,
어서 돌아와!
검은 털은 오래전에
바로 늑대와 교배한 개한테서 온 거야.
그들의 자손은 이 특성을 보존해서
다음 세대에게 물려주었지.
털이 검은 늑대는 오늘날 북미에서
흔히 볼 수 있어.

너는 그런 걸 어떻게 다 알아?
이쯤이야 기본이지.
얘들아, 기다려 봐. 내가 우리 가족을 불렀거든! 너희가 이렇게 오래 머물렀는데도 아직 우리 가족을 못 만났잖아!
꿀꺽….
아…. 고, 고마워. 그런데 우리는 비행기를 타러 가야 해서….
지브라가 이제 가나 봐.
안녕! 잘 가!
조만간 또 보자….
공항
LAX DEPARTURES
DESTINATION GATE SCHEDULED STATUS
AA 1395 NEW YORK 126 10:55 FINAL CALL
DL 6728 SYDNEY 134 11:04 BOARDING
US 2123 TAIPEI 121 11:15 DELAYED
LP 926 CUZCO 156 12:05 ON TIME
CX 326 HONG KONG 150
LP 7283 LIMA
BA LONDON
LO 158
122 ON TIME
저기 좀 봐. 쿠스코로 가는 비행기가 있어!
이야, 나는 늘 아마존 숲을 보고 싶었는데….
그럼 중국으로 가는 길에 들르면 어때?
아무 문제 없잖아.
쿠스코행 비행기표 석 장 주세요. 한 장은 보호종 할인표로요.
쿠스코로 떠나시는 승객 여러분께 알립니다. 곧 탑승을 마감하겠습니다.
GATES 140-160
울라의 공책
옐로스톤 국립 공원
미국
페루
마누 국립 공원
태평양
페루, 악하나코
PARQUE NACIONAL MANU
ITINERARIOS! GUÍA PROFESIONAL!*
* 전문 가이드와 함께하는 투어!

마누 국립 공원

★ 페루 ★ 면적: 1만 7,163km² ★ 설립 연도: 1973년 ★

목도리페커리
보아뱀
갈색목세발가락나무늘보
큰개미핥기
검은머리다람쥐원숭이
거미원숭이
고함원숭이
재규어
왕아르마딜로
코차카슈 연구 센터
호아친
왕대머리수리
가위개미
깍! 커다란 맥이다!
브라질맥
마누독개구리
코차 오토롱고 호수
작은개미핥기
탕가라 멕시카나
헬리오마스테르 롱기로스트리스
중앙아메리카아구티
마누강
덴드롭소푸스 로도페플루스
카피바라
레투스 페리안데르
마드레데디오스강
자이언트수달
나테리피라냐

너희를 최대한 멀리, 코차카슈 연구 센터까지 데려다줄게. 그런데 거기 지금은 정신없을 거야. 지난주에 관광하러 온 유명한 화가 앙리가 실종됐거든.
아직 강을 타고 이틀이나 더 가야 해.
그 화가는 숲을 그리려고 프랑스에서 왔대. 일행과 헤어진 뒤로 감감무소식이라지 뭐니.
어휴, 끔찍해…. 우리가 같이 찾을 수 없으려나?
그러게….
우선 너희부터 길을 잃지 않게 조심해.
그래야겠다….
저 앵무새들은 뭐 하는 거야?
절벽에서 진흙을 먹고 있어. 진흙에 들어 있는 미네랄로 영양을 보충하는 거지.
저녁
끼익!
지금 우리가 있는 장소는 생물 다양성으로 유명해.
뭐로 유명하다고?
생물 다양성. 여기에 엄청나게 많은 동식물이 산다는 뜻이야. 어쩌면 세계에서 가장 다양한 생물이 살고 있을지도 몰라. 아직 확실하게 밝혀지지는 않았지만 말이야.
오르릉!
나비만 해도 1,300종이 넘지.
아마존 열대 우림의 어떤 곳들은 저마다 자기 지역에 가장 많은 종이 산다고 경쟁하듯 주장해. 하지만 모든 종을 다 세기란 몹시 어려워. 새로운 종이 꾸준히 발견되고 있고, 발견한 생물을 새로운 종으로 분류해야 하는지 아닌지 가리기 어려울 때도 있어.
꽥!
꽥!
드르릉!
그르릉!
사사삭!
탁탁!
정말? 나는 그게 간단한 줄 알았어. 주브르와 다람쥐는 딱 보기에도 다르잖아.
첨벙!
찰방!
첨벙!
철썩!
에헴, 그래서….

우리나라 명칭

카피바라

속명 ← *Hydrochoerus* *hydrochaeris* → 종명

학명의 앞부분은 라틴명이에요.
어떤 종을 가리키는지 명확하게 나타내기 위해
전 세계 공통으로 사용해요.

계: 동물계 | 문: 척삭동물문 | 강: 포유강 | 목: 설치목 | 과: 천축서과 | 속: 카피바라속 | 종: 카피바라

일상에서는 정확한 종명 대신 '여우', '늑대', '카피바라'처럼 단순하고 익숙한 이름을 사용해요. 국가나 언어권에 따라 한 동물이 여러 종에 해당할 수도 있어요.

페루에서는 카피바라를 론소코ronsoco 또는 사마나이samanai라고 불러요. 다른 지역이나 북아메리카 언어권에서 부르는 이름까지 합치면 서로 다른 이름이 10여 개나 돼요.

한 동물과 다른 동물 사이에 차이가 도드라지면 종을 간단히 구분할 수 있어요.

유럽들소
Bison bonasus

붉은다람쥐
Sciurus vulgaris

그런가 하면 생김새는 거의 똑같지만 서로 다른 종도 있어요.

파이어 샐러맨더(불도롱뇽)
Salamandra salamandra

오리나무딱새
Empidonax alnorum

코르시카 샐러맨더(코르시카도롱뇽)
Salamandra corsica

버드나무딱새
Empidonax traillii

같은 종인데 생김새가 매우 다른 경우도 있어요.

수컷

암컷

원앙
Aix galericulata

재규어
Panthera onca

같은 종의 동물 안에서 변이가 나타나기도 해요. 예를 들어 블랙 재규어 변종처럼요.

모든 개는 한 종에 속해요.

개
Canis lupus familiaris 또는 *Canis familiaris*

세 번째 라틴어 단어는 아종*의 이름이에요.

* 생물의 종을 다시 세분한 단위

회색늑대
Canis lupus

어떤 과학자들은 개를 늑대의 아종이라고 생각하고, 어떤 사람들은 아예 다른 종으로 여겨요.

지금은 대개 유전자 검사로 종을 구분해요. 그래서 아프리카에 사는 코끼리들은 두 개의 종으로 나뉘었어요.

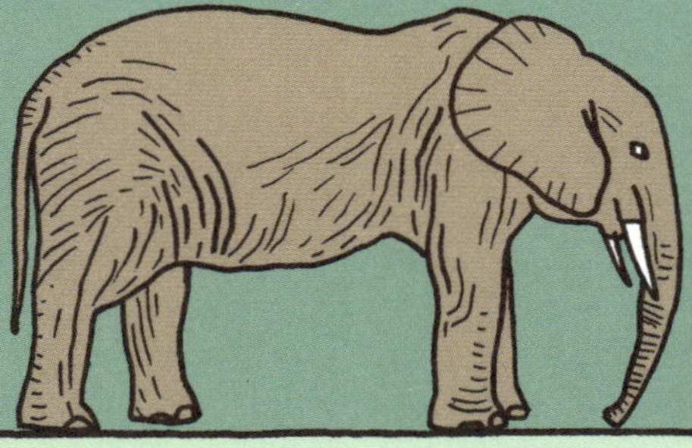

둥근귀코끼리
Loxodonta cyclotis
옛날에는 아프리카코끼리의 아종으로 여겼어요.

아프리카코끼리
Loxodonta africana

코끼리들은 멸종할 위기에 놓여 있어요. 밀렵꾼들이 값비싼 코끼리 상아를 얻으려고 코끼리를 죽이기 때문이에요. 이때도 유전자 검사로 각 부분이 어디에서 왔는지 정확하게 밝혀내서 불법 거래를 막는 데 도움을 줘요.

☞ 종이란 서로 교배하여 자손을 태어나게 할 수 있는 생명체의 집합이에요.

(*34쪽의 주를 보세요.)

그러나…

이 정의는 유성 생식을 하지 않는, 다시 말해 반대되는 성끼리 만나지 않고도 번식하는 박테리아와 다른 단세포 생물에게는 적용할 수 없어요.

그러나…

서로 다른 종끼리 교배할 수 있는 경우도 있어요. 그렇게 태어난 개체를 잡종이라고 해요.

과일과 꽃을 비롯한 많은 재배용·관상용 식물도 잡종이에요.

그중 하나가 자몽인데, 포멜로와 오렌지를 교배해서 탄생한 잡종이지요.

잡종은 대개 인위적으로 만들어져요. 종들 사이의 유전적 차이 때문에 잡종은 생식할 수 없는 경우가 많아요.

동물 중에서는 노새가 인간의 손을 거쳐 태어난 잡종이에요. 암말과 수나귀 사이에서 태어난 노새는 보통 생식 기능이 없어요.

인위적으로 탄생한 잡종으로는 수컷 사자와 암컷 호랑이 사이에서 태어난 라이거, 수컷 호랑이와 암컷 사자 사이에서 태어난 타이곤이 있어요. 라이거나 타이곤의 수컷은 생식 기능이 없는 반면 암컷은 임신할 수 있는 경우가 많아요.

그러나…

먼 옛날에는 큰 고양잇과 동물들이 자연스럽게 교배했다는 증거가 있어요. 예를 들어 표범의 조상과 호랑이, 사자와 재규어 사이에서 이종 교배가 이루어졌어요.

그러나…

같은 지역에 살고 혈통적으로 가까운 종끼리 교배했을 때 자연스럽게 잡종이 생기기도 해요. 이들의 후손은 생식 활동을 할 수 있어요.

고양이와 들고양이가 교배를 하면 생식 능력을 지닌 새끼를 낳을 수 있어요. 북극곰과 회색곰의 잡종도 생식을 할 수 있고요.

최근 유전자 연구에 따르면 붉은늑대는 회색늑대와 코요테의 잡종이에요.

주브르와 아메리카들소도 생식 능력이 있는 후손을 낳을 수 있어요. 그렇지만 이 종들은 서로 다른 대륙에 살기 때문에 인간의 도움 없이는 만나기 어렵겠지요.

어쨌든 슬슬
마무리할게.
종을 나누는 일이
몹시 중요하다는 말을
하고 싶었을 뿐이야.
동식물에 이름을 붙이고 그 이름을
알아 가지 않으면 생물학자, 환경 운동가,
농부, 산림 관리인, 정원사
그리고 다른 많은 사람들이
일을 할 수 없을 거야.
쿨쿨쿨...
이튿날
우리 왔어요!
코차카슈 연구 센터는
이름이 같은 호숫가에 있어요.
이 호수는
본래 마누강의
굽은 부분 중 하나였어요.
시간이 흐르면서 곡류가
점점 더 구부러져 휜 부분이
서로 맞닿았어요. 그 결과
강의 흐름이 짧아지고, 구부러진
강의 일부가 떨어져 나와
호수가 됐지요. 이런 호수를
우각호라고 해요.
강의 만곡
마누강
코차카슈
(카슈 호수)
연구 센터
예전의 하상(하천의 바닥)
잘 자!

이튿날
자, 다들 장화 신고 날 따라와!
아아아악!!
무슨 일이야?!
아, 저런…. 아마 개미일 거야.
아파! 이제 더는 못 가겠어!
아니야, 괜찮아.
그냥 총알개미야. 통증은 24시간이 지나면 사라져.
그럼 난 24시간이나 기다려야 해?
총알개미*
Paraponera clavata
* 이 개미는 실제 크기보다 두 배 더 크게 그려졌어요.
그래, 맞아. 이 개미한테 물리면 몹시 아파서 마치 총알에 맞은 것 같다고들 하지. 그래서 이름이 총알개미야.
누가 너를 총으로 쏘면 알려 줘. 진짜 그 정도로 아픈지 확인해 보게….
난 쟤들도 건드리지 않을 거야…. 물거든.
오, 그럼 이건 뭐야?
버섯을 기르는
가위개미는 잎사귀를 잘라요.
파라솔개미라고도 해요.
잘라 낸 잎은 자기 집으로 가져가지요.

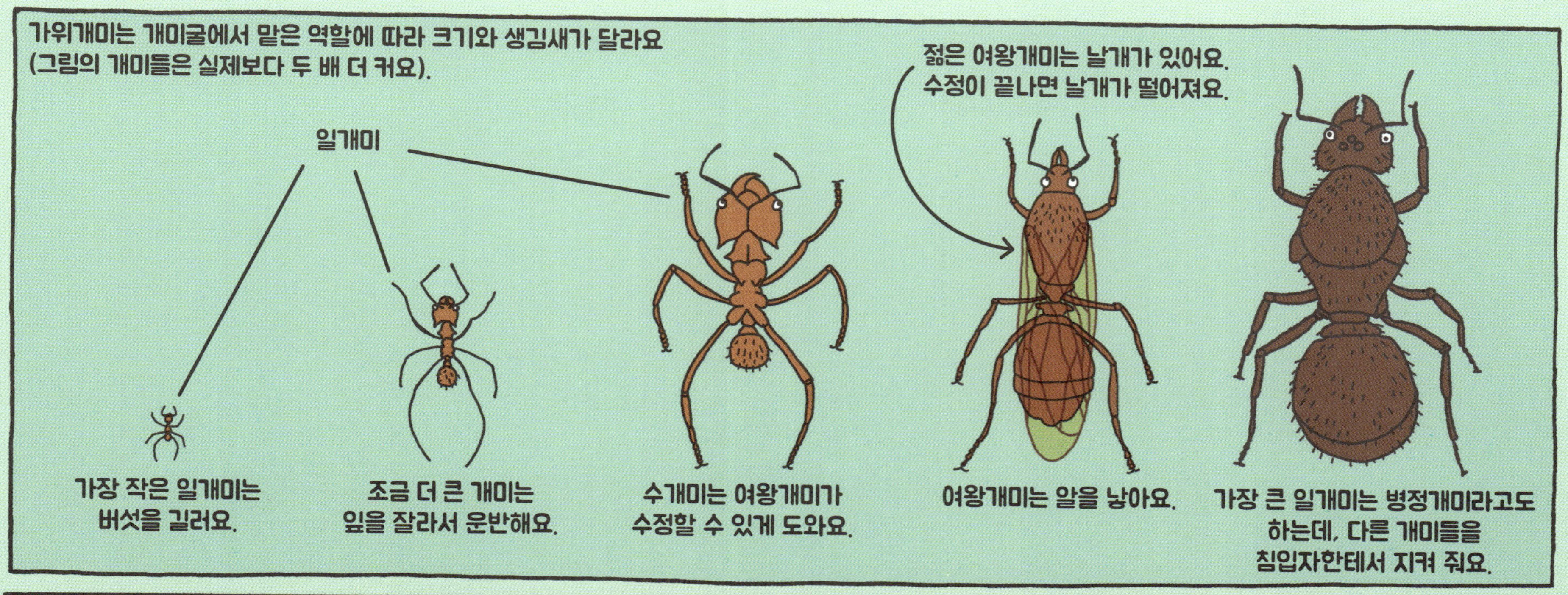
가위개미는 개미굴에서 맡은 역할에 따라 크기와 생김새가 달라요
(그림의 개미들은 실제보다 두 배 더 커요).
일개미
젊은 여왕개미는 날개가 있어요.
수정이 끝나면 날개가 떨어져요.
가장 작은 일개미는
버섯을 길러요.
조금 더 큰 개미는
잎을 잘라서 운반해요.
수개미는 여왕개미가
수정할 수 있게 도와요.
여왕개미는 알을 낳아요.
가장 큰 일개미는 병정개미라고도
하는데, 다른 개미들을
침입자한테서 지켜 줘요.

개미집은 아주 넓고 복잡해요.
여러 개의 방으로 이루어졌고
깊이가 몇 미터에 이르기도 해요.
개미의 버섯 정원은
잡초의 공격을 받을 수 있어요.
개미들은 버섯을 해치는 나쁜 균들에
매우 정교한 방식으로 맞서요.
일개미들은 침입자와 싸우는
항생 물질을 생산하는 박테리아에
덮여 있어요. 그래서 자기들의 경작지에
이 물질을 계속 퍼뜨려요. 농부들이
논에 농약을 뿌리듯이요.
가위개미는 재배 전문가예요.
지하 개미굴에서 버섯을 길러
먹이를 장만하지요. 그래서 숲에서
잎을 아주 많이 잘라 와요(그 양이 개미굴
하나마다 하루에 약 50킬로그램이나
돼요!). 굴에서 잎을 잘게 쪼개고 씹어서
버섯의 양분으로 사용해요.
작은 개미는
잎에 올라타 이동하면서
파리가 일개미의 몸에
알을 까지 않게 감시해요.
가위개미는 총알개미와 달리
독침이 없지만, 튼튼한 아래턱으로
적을 물어서
스스로를 지킬 수 있어요.

울라의 공책

마누 국립 공원

마누강과 아마존강 유역이 포함되어 있어요.

서쪽에는 안데스산맥이 있어요.

안데스산맥의 숲 위쪽에는 초지로 이뤄진 푸나 식생이 나타나요.

공원 대부분이 열대 우림으로 빽빽해요.

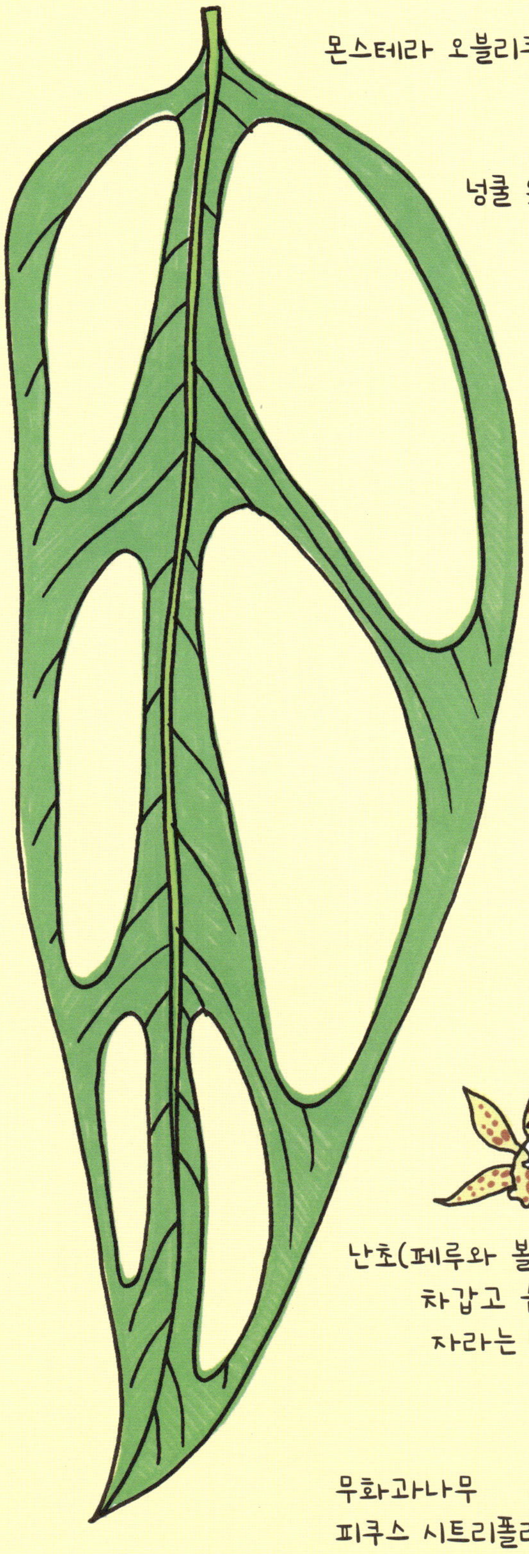

몬스테라 오블리쿠아

넝쿨 잎

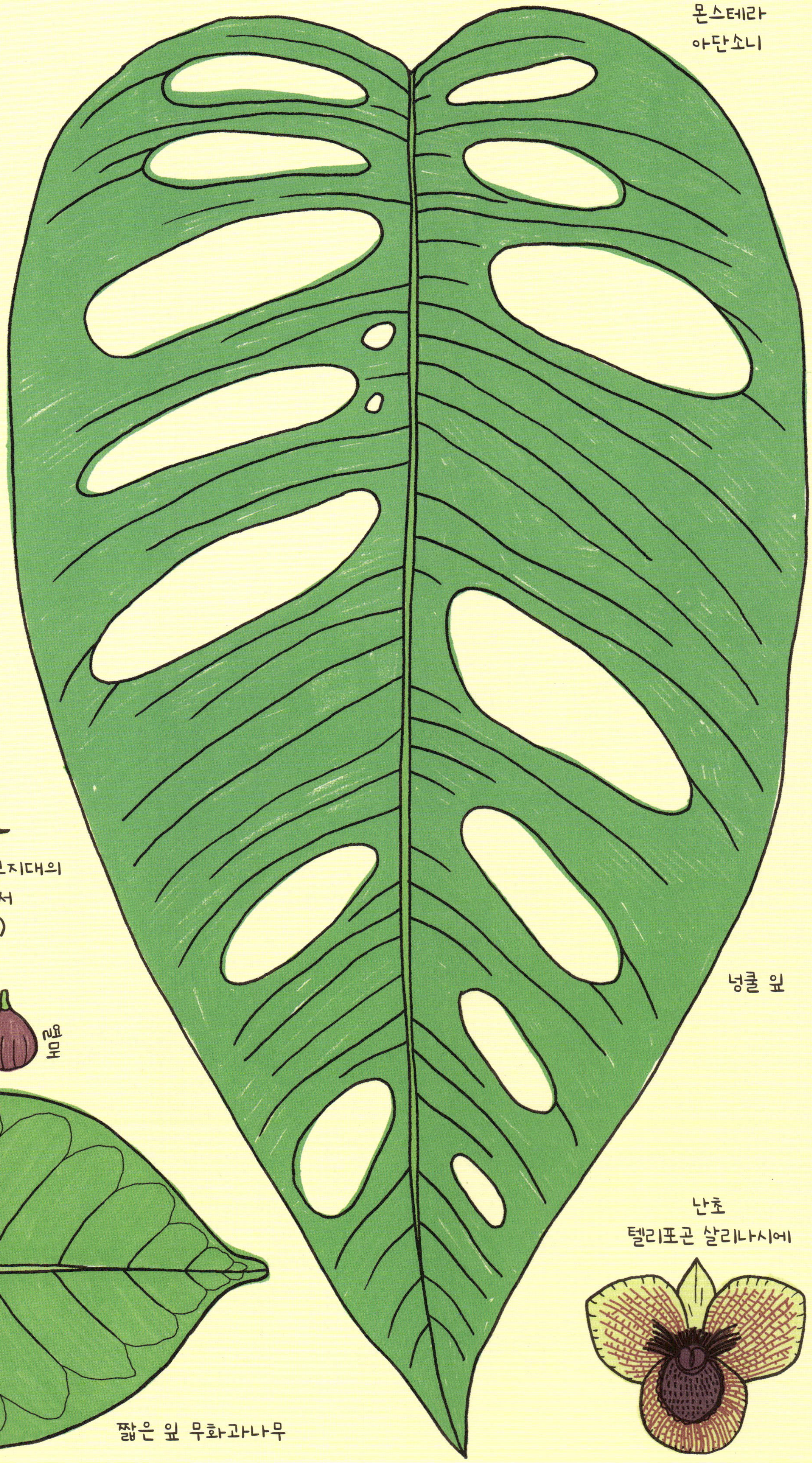

몬스테라 아단소니

넝쿨 잎

난초(페루와 볼리비아 고지대의 차갑고 습한 숲에서 자라는 난초예요.)

무화과나무 피쿠스 시트리폴리아

열매

짧은 잎 무화과나무

난초 텔리포곤 살리나시에

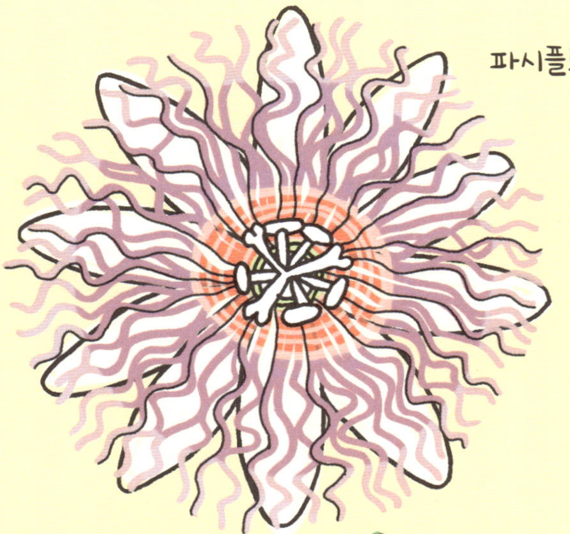

파시플로라 니치다

케이폭나무

나뭇잎

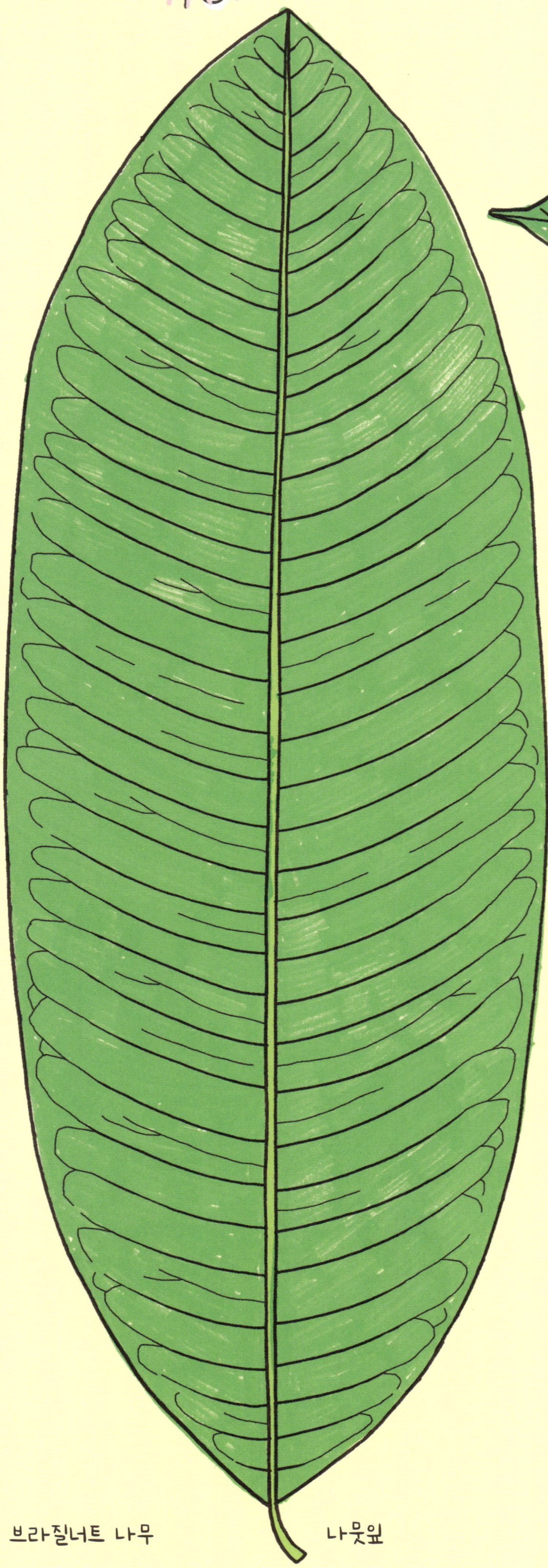

브라질너트 나무

나뭇잎

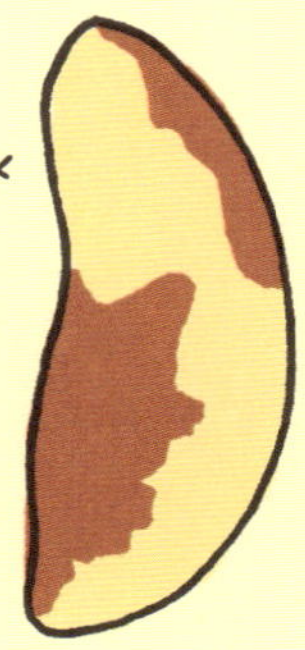

브라질너트의 씨앗

파시플로라 콧시네아

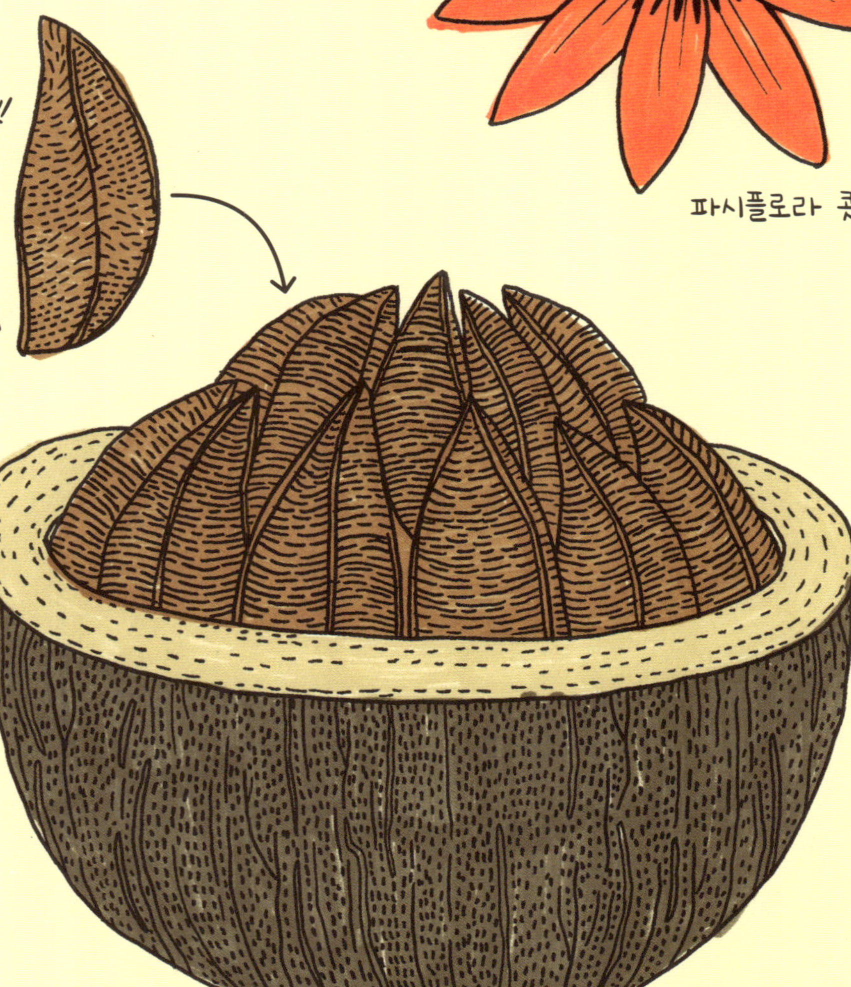

껍질 속의 브라질너트

브라질너트 나무 열매

며칠 뒤
난 이만 추적대에
합류해야 하니까
너희끼리 구경해.
길 잃어버리지 말고!
한 시간 뒤
뭐지…?
안녕!
네가 앙리니?
무슨 일로 왔어?
나비가 날아가 버릴지도
몰라….
여기서 뭐 해?
다들 너를 찾고 있단 말이야.
뭐라고?
나는 길을 잃지 않았는걸!
그렇지만 2주 전부터
아무도 너를
못 봤다던데….
이것 좀 봐!
이 나비는 분명히
새로운 종일 거야!
헉…! 그랬구나….
일주일 뒤
안녕!
주브르와
다람쥐한테
편지가 왔어.

희한하네?
우리가 여기 있는 줄
아무도 모를 텐데….
다코타?
그런데….
다코타가
어떻게 알았지…?
쩝쩝
쿵쿵
쾅쾅
삐익삑
탁탁
우지직 우두둑
이제 그만 중국으로
가는 게 좋겠어….
울라의 공책
중국
주자이거우
국립 공원
태평양
마누 국립 공원
페루
중국, 쓰촨성
주자이거우 국립 공원 입구

주자이거우 국립 공원

★ 중국 ★ 면적: 720km² ★ 설립 연도: 1982년 ★

티베트푸른양
흰코사향고양이
삵
담비
사향노루
중국무지개꿩
중국바위다람쥐
타킨
황오리
전주탄(진주탄)
폭포
황금들창코원숭이
아시아
황금고양이
수정춘하이
흰날개해오라기
꽃사슴
아시아흑곰

누구지?
야크인가?
낯선 얼굴이 보이는걸.
쉿! 조용히 해 봐. 다 들리겠어.
타킨 아닐까?
여기 정말 아름답다.
점점 어두워지네. 아무래도 오늘은 찾기 힘들겠어.
누구를 찾는데?
넌 여우야?
붉은 아메리카너구리처럼 생겼어.
난 레서판다야.
판다? 작은 판다야?
판다처럼 보이진 않는데.
나도 알지만 내가 지은 이름이 아니라고….
그렇지만 우리가 대왕판다보다 훨씬 먼저 판다라는 이름을 얻었어. 진짜야.
우리가 가장 먼저 판다가 됐지!
대왕판다
Ailuropoda melanoleuca
레서판다
Ailurus fulgens

19세기 후반에 과학자들이
대왕판다를 처음 발견했을 때,
대왕판다를 우리가 속한 과로 분류했어.
몇 가지 공통점이 있어서 그랬대.
예를 들자면
대왕판다와 우리는
대나무를 엄청 좋아해!
그래서 대나무를
쉽게 먹을 수 있게끔
여섯 번째 손가락이
달렸지!
어…,
여섯 번째 손가락?
사실 이건
진짜 손가락이 아니고 뼈야.
우리가 먹이를 쥘 때
마치 엄지손가락처럼 도움을 줘.
그때부터 100년 동안 논쟁이 벌어졌어.
우리가 판다와 친척인지,
너구리와 비슷한지, 그것도 아니면
곰과 가까운 관계인지 말이야.
우리 혹시 아는
사이인가요?
유전자 검사를 통해서야
우리 레서판다가 독립적인 종이라는
사실이 밝혀졌지. 다른 동물 중에
친척은 없어! 그러니까 우리는
우리일 뿐이야!
이제 알겠지만 대왕판다는
그냥 곰이야.
흥, 무슨 대단한 일이라고!
난 너희들이 같은 과가 아닌 줄
한눈에 알았어. 비슷한 점이
하나도 없잖아.
그래서 너희가
찾는 게 누군데?
판다 민민.
처음 들어 보는
이름인걸.
헉! 정말?
판다들은
보통 어디서 지내?
온종일 돌아다녔는데
한 마리도 못 봤어.
당연하지!
대왕판다를 만나기란
쉬운 일이 아니야.
그래도 요즘에는
이 주변에 아주 가끔
나타나긴 해.
잘됐다!
최근에야 이쪽에서
돌아다니기 시작했어.
그렇지만 대나무가 다시
자라난 뒤로 완전히
돌아온 건 아니야.
다시 자라났다니
무슨 말이야?
음…, 대나무가
갑자기 사라졌거든.
그땐 우리도
참 힘들었지….
대나무는 아주
신비한 식물이야!
이번엔
중국 척척박사가
등장하셨군.

전 세계에는 1,500종이 넘는 대나무가 있어요. 그중 대부분이 아시아산이고 유럽과 남극을 제외한 모든 대륙에 토착종이 자라요. 어떤 대나무는 키가 30미터를 훌쩍 넘기도 하고, 딱딱한 줄기는 꼭 나무 기둥 같지요. 대나무들은 굉장히 빨리 자라요. 어떤 대나무는 하루에 90센티미터 넘게 자란답니다!

부모가 같은 대나무끼리 전 세계에서 동시에 꽃을 피우는 종도 있어요. 중국에서 자라는 대나무에서 떼어 낸 묘목을 유럽에 심으면 두 대나무가 같은 시기에 꽃을 피워요. 이러한 집단 개화는 매우 드문 현상이에요. 종에 따라 개화 주기도 달라요. 대부분 15~60년에 한 번 꽃이 피는데, 120년에 한 번꼴로 꽃을 피우는 대나무도 있어요.

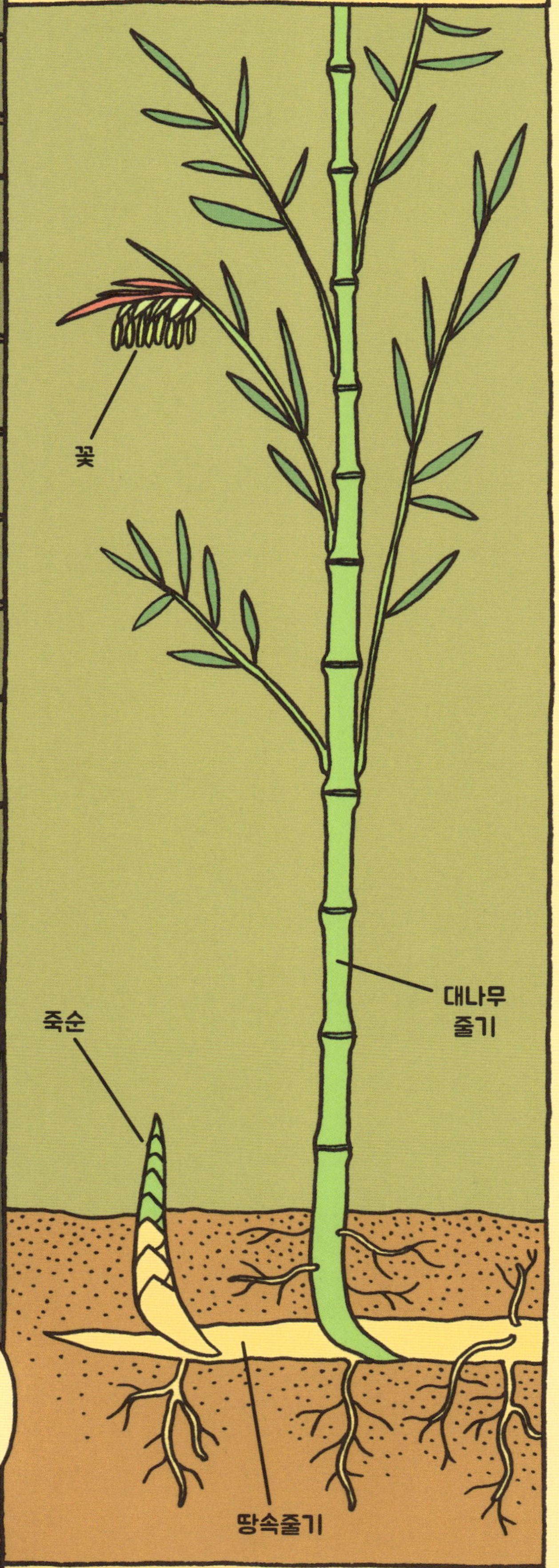

대나무는 꽃이 피지 않는 동안에는 땅속줄기를 이용해 자라요. 그 덕분에 넓게 퍼져 나갈 수 있어요. 한꺼번에 꽃을 피우고 씨앗을 뿌린 뒤에 죽으면서 대숲이 통째로 사라져요.

대왕판다는 주식인 대나무가 죽어서 없어지면
먹이를 찾아 사는 곳을 옮겨요.
지금은 많은 숲이 벌목되어 농경지로 변한 탓에
대왕판다가 갈 곳을 찾기 어려워요.
사람들은 여러 방식으로 대나무를 활용해요.
식재료로도 쓰고 집이나 다리,
공사장의 가설물을 만들 때도 사용하며,
악기, 약, 옷, 종이, 가구, 생활용품을
만들 때도 사용해요.
연료나 동물 사료로도 쓴답니다.
어떤 지역에서는 사람들의 일상이
대나무와 긴밀하게 이어져 있어서,
대나무에 꽃이 피면 나쁜 징조로
여기기도 해요.
같은 종의 대나무가 밀집한 땅에서
일제히 꽃을 피우고 나면, 탄탄하던
대나무 대가 바짝 마른 덤불로
변하는 모습을 볼 수 있어요.
숲과 농장에서 대나무가 죽는 것은
대나무로 주된 수입원을 얻는
사람들에게 재앙과도 같아요.
대나무가 죽기 전에
뿌리는 씨앗은
쥐를 잔뜩 불러들이는데,
쥐들은 병을 퍼뜨리고
작물을 먹어 버려요.
사람들은 생계가 어려워져서
굶주리고요.
주자이거우 공원에서 자라던 대나무가 죽어 갈 무렵,
판다는 이 구역을 떠나
주변의 쓰촨산맥으로 더 깊숙이 이동했어요.
그곳에서 자라는 다른 종의 대나무를 먹을 수 있었거든요.
그래도 대나무는
다시 자라니까
판다도 돌아오겠지….
그럼 민민은
어디에 있을까?
잘 모르겠네.
산으로 가 봐.
어느 쪽으로
가면 돼?
너희가
원하는 쪽.
점점 나아지겠지.

우리 이 계곡에서 며칠 더 지낼까? 여기는 정말 아름다워. 조금 쉬다가…
민민과 다코타를 찾으러 산에 가자.
좋은 생각이야….
여기는 밤에 안전하려나?
아침
좋은 아침! 식사를 가져왔어.
음…?
정말 고마워….
나는 이 열매를 맛봐야겠다.
이건 산자나무 열매야.
이 대나무도 참 좋네.
난 주변 좀 둘러보고 올게.
맛있어!
근데 넌 누구야?
난 타킨이고, 이름은 타오타오라고 해.
내가 뭐 도울 일이 있을까? 난 노련한 가이드거든.
주변을 구경할 생각은 없어?
그렇구나!
이 호수들은 왜 이런 푸른색이야?

흠, 얘기하자면
길어.
지금 우리가 서 있는
이곳이 옛날에는
바다였어.
약 4억 년 전 데본기에는 바다에
선사 시대 생물이 많이 살았어요.
수백만 년 동안
해양 생물의 뼈가 바닥에 쌓이고,
시간이 흐르면서 그 잔해가 모여
두꺼운 석회암층을 이루었지요.
수십만 년 전에 거대한 섬(오늘날의 인도반도)이 충돌했어요.
산과 고원이 융기하면서 아시아 대륙과 합쳐졌고, 먼 옛날
바다 밑바닥을 덮고 있던 퇴적층은 지금 산꼭대기에 있어요.
아시아
인도반도
융기하는 산맥
아시아
아하, 그래서
아주 큰 산이 생겨났구나.
그럼 여기 계곡은 어떻게
만들어졌어?
그 뒤에 몹시 길고
추운 겨울이 찾아왔지.
두꺼운 눈과 얼음이
지표면을 덮어 버렸어.
지구가 꽁꽁 얼어붙은
빙하기(22쪽을 보세요)에
높은 산들은 눈에 뒤덮였어요.
오랜 시간 동안 층층이 쌓인 눈은
얼음이 되고 빙하를 이루었어요.
빙하는 아주 커다란 얼음 덩어리로,
천천히 움직여요. 위층의 무게 때문에
아래층이 녹으면 빙하가
산의 경사면을 타고
미끄러져요.
이 얼음 덩어리는
매우 무거워서 바위를 밀고 부숴요.
기후가 따뜻해지면서 빙하는
자기가 지나는 자리에
깊은 산골짜기를 남기며 녹아요.
강
빙하
빙하가
작용하기 전
빙하에 의해
파인 골짜기
이렇게 주자이 계곡이
만들어졌어.
이 모든 과정에는
수천 년이 걸렸다는
사실을 기억하렴.
많은 빙하가 계곡을
1년에 몇 밀리미터씩
더 깊게 파고 있어.
이곳 경관은 그 뒤로도
꾸준히 변했어. 흐르는 물이나 지진,
떨어져 나오는 암석의 영향으로
지금도 모습이 바뀌고 있지.
어휴, 또 지진이
등장하네….

뭐라고?
아니,
아무것도
아냐.
그럼 마저
얘기할게.
호수에는 탄산 칼슘이 잔뜩 녹아 있어.
탄산 칼슘은 바위에서 계속 나오는 성분이야.
이 바위들이 바다 생물의 사체로
만들어졌다고 한 거 기억하니?
오랜 세월에 걸쳐 쌓인
탄산 칼슘은 새로운 암석을 만들고
때로는 강과 호수를 나누는
장벽을 형성하지.
어떤 곳에서는
흘러넘친 물이 웅덩이를 이루면서
폭포가 생기기도 해.
퇴적물이 독특한 모양을 만드는 경우도 있어.
예를 들어 워룽하이(와룡해)는 퇴적층의 형태가
바닥에 누워 있는 용을 닮아서 붙여진 이름이지.
처음 했던 질문으로 되돌아갈게.
호수가 푸른 이유는, 탄산 칼슘이 풍부한 물에
햇빛이 퍼질 때 바닥에 있는
밝은 석회 퇴적층에 빛이 반사되기
때문이야.
게다가
물속에서 다양한 색을 내는
박테리아와 미생물도
살고 있지.
다음 날
이틀 뒤
삐유
삐유
삐유
오,
나무발종다리군.
일주일 뒤
무슨
계획이 있니?
이제 마냥
쉴 수는 없어.
혹시 민민이라는
판다를 알아?
아니,
몰라.
후유.
우린 민민을
찾아야 해.
흠….
산으로 가 봐.
어느 쪽으로
가면 돼?
원하는 쪽으로
가.
아하!

울라의 공책

주자이거우 국립 공원

티베트고원에 위치한 쓰촨산맥에 있어요.

알파벳 Y자 모양으로 합쳐지는 세 줄기의 계곡으로 이루어졌어요.

여기에는 114개의 호수가 있어요.

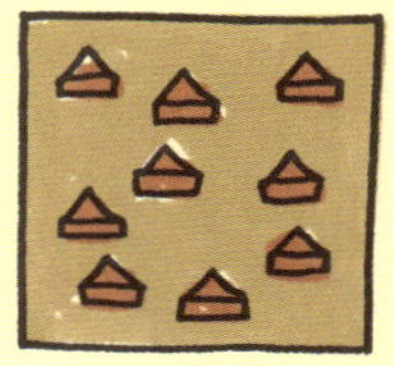

이 지역에는 아홉 군데의 티베트족(장족) 마을이 있어요.

* 타오타오가 준 책을 보고 그렸어요. 이 꽃들은 여름에 피는데, 우리가 공원에 간 계절은 가을이었기 때문에 보지 못했어요.

포춘개비자나무
용가문비나무
중국주목나무
중국잎갈나무
중국대나무
만주곰솔
솔방울
만주곰솔

이튿날
필립은
어디까지 갔을까?
벌써 민민을
찾은 거 아냐?
이틀 뒤
일주일 뒤
2주 뒤
더는
못 가겠어….
판다다!
잠깐
기다려!
에구….
쉿….

저기,
잠깐만!
우린 지금
민민이라는 판다를
찾고 있어.
내가
민민인데….
우아!
정말 기뻐.
드디어 만났네!
반가워, 민민!
내 사촌인 다코타가
너네 집에서
묵고 있지 않니?
다코타?
마지막으로 본 게
몇 년 전인데.
…
미안하지만,
나 밥 좀 먹어도 될까?
어떻게 된
일이지?
다코타가
여기 없다고?
응, 없어.
우리가
이런 편지를
받았거든.
그래, 온다고는 했지.
그런데 다코타는
아직 안 왔어….
혹시 무슨 일이
생긴 건 아닐까?
있잖아, 민민….

민민?!
판다는 하루에 14시간 정도를 먹는 데 쓴다고 책에서 읽은 적이 있어.
아하. 어쩐지 엄청 배고파 보이더라.
그리고 남은 시간에는 잠을 잔대.
대왕판다는 주로 대나무만 먹고 살아요. 그러나 판다의 소화 기관은 육식을 하던 조상에게서 물려받아 식물을 소화하기에 적합하지 않아요. 그래서 판다가 에너지와 영양소를 충분히 얻으려면 날마다 10여 킬로그램의 대나무를 먹어야 해요.
판다는 여느 곰과 동물과 달리 겨울잠에 들지 않아요. 대나무만으로는 겨울잠을 잘 만큼 지방을 넉넉히 쌓아 둘 수 없기 때문에 쉬지 않고 먹어야 하거든요. 대나무가 사시사철 푸른 덕분에 미리 먹어 둘 필요는 없어요.
이런 습성은 많은 동물에게서 나타나요. 식물은 잘 소화되지 않기 때문에 에너지를 필요한 만큼 얻으려면 많이 먹어야 해요. 그래서 초식 동물은 (심지어 초식에 잘 적응한 동물도) 온종일 먹고 싸는 데 시간을 보내요. 먹는 양의 상당한 부분을 제대로 소화할 수 없기 때문이에요.
그에 견주어 고기는 더 쉽게 소화하고 흡수할 수 있어요. 배도 부르고 많은 에너지를 주기 때문에 육식 동물은 덜 먹어도 돼요. 며칠에 한 번만 먹어도 괜찮답니다.
판다는 하루에 똥을 40번이나 쌀 수도 있대.
오….
빽빽한 대숲에서 흔히 보이는 배설물은 판다가 산다는 유일한 증거예요. 자연에서는 판다를 만나기가 쉽지 않아요. 사람들이 접근하기 힘든 숲속에 사니까요. 그래서 오랫동안 판다에 관해 알려진 점이 많지 않았어요.
19세기 후반까지만 해도 중국을 벗어나면 판다를 아는 사람이 얼마 없었어요. 몇십 년 뒤에야 판다가 세상에 알려지고 사랑받기 시작했어요. 1936년에 고향을 떠난 첫 번째 판다 수린이 계기가 되어 판다를 향한 뜨거운 관심이 지금까지 이어지고 있어요. 수린은 미국 시카고의 동물원으로 갔어요.
루스 하크니스는 중국에서 판다를 처음 데리고 나온 사람이에요.
수린

20세기 후반에
판다의 미래를 걱정하는 목소리가 나왔어요.
밀렵과 벌목 탓에 야생 판다는 전멸하다시피 했고,
사람들은 오랜 기간에 걸쳐
판다의 번식을 시도했지만
성공하는 경우는 몹시 드물었어요.
난 관심 없어.
안녕!
치치
안안
암컷 판다 치치와
수컷 판다 안안은
모스크바와
런던의 동물원에서
두 번 만났어요.
동물원에서 최초로 교배에 성공한 판다는
1963년에 베이징에서 태어난 밍밍이에요.
지금은 이렇게 태어나는 경우가 예전보다 많이 늘었지만,
여전히 사람들의 관심을 끄는 특별한 일이지요.
갓 태어난 판다는
아주 작고,
앞을 보지 못하며,
자잘한 솜털에
덮여 있어요.
약 16센티미터
100그램
100킬로그램
40킬로그램
1년 된 판다
성년이 된 판다
중국에서 판다는 나라의 보물이에요.
중국 정부는 다른 나라에 판다를 선물해서
우정을 나타내거나 더 좋은 관계를 맺으려고 힘썼어요.
그렇게 전 세계의 동물원에
판다가 진출했어요.
지금은 판다를 선물하는 대신
현지 동물원에 빌려줘요.
판다의 소유권은 중국에 있으며,
해외에서 태어난 새끼들도 중국 소유랍니다.
1988년에 살아 있던 야생 판다는 겨우 1,114마리였어요.
그러나 중국은 수많은 대왕판다 보호 구역을 만들었고,
과학자들과 환경학자들의 노력으로 개체가 점점 늘어났어요.
지금도 판다의 수는 2천 마리에 미치지 못하지만
예전만큼 심각한 수준의 멸종 위기종은 아니에요.
중국
간쑤성
산시성
대왕판다가
나타나는 범위
쓰촨성
주자이거우
국립 공원
어라? 다코타한테서
편지가 왔어….
다행이다!
응?
편지는
누가 가져왔어?
왜 여기에
못 왔는지
적혀 있어?

이유는 별거 아냐. “예기치 못하게 카자흐스탄에 착륙했어”….
별거 아니라니? 너는 이게 정말 아무렇지도 않아?
어떻게 뜬금없이 카자흐스탄에 내릴 수가 있지?
“나와 함께 그린란드에서 겨울을 보내고 싶지 않니?”….
싫어.
어휴….
여름이라도 그린란드에는 있고 싶지 않아.
쿠바, 어쩌면 멋진 모험이 될지도 몰라.
다코타는 아무래도 살짝 정신이 나간 것 같아. 그린란드? 겨울?
다코타는 정상이야.
치…. 너는 누가 “예기치 못하게” 카자흐스탄에 착륙하는 일이 정상이라고 생각해?
그래, 좋아. 가자….
하지만 조건이 있어. 겨울이 되기 전에 어디 진짜 따뜻한 곳에 들르자.
바로 생각해 볼게.
필립부터 찾는 편이 좋겠네.

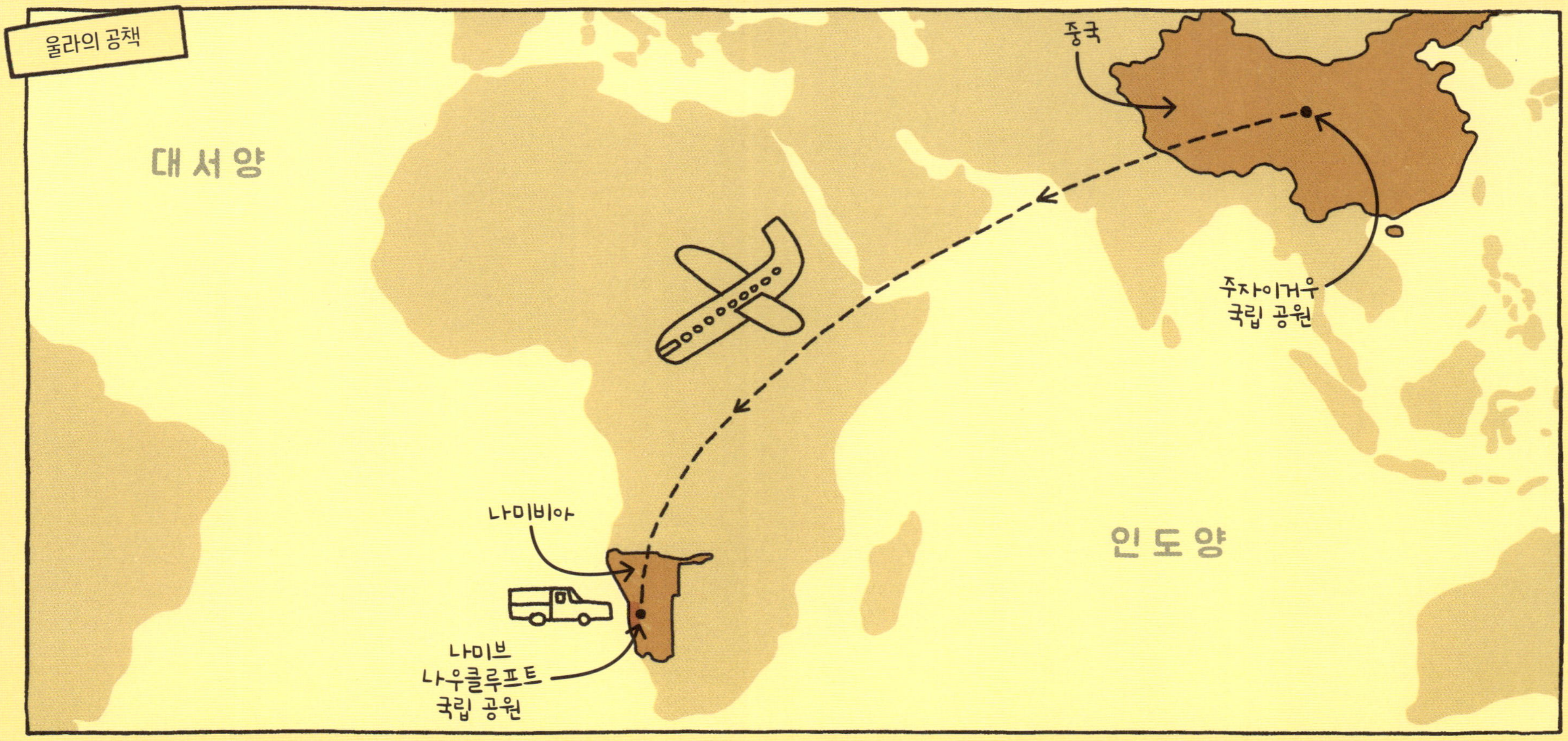
울라의 공책
중국
대서양
주자이거우 국립 공원
나미비아
나미브 나우클루프트 국립 공원
인도양

나미비아, 세스림으로 가는 길

나미브 나우클루프트 국립 공원

★ 나미비아 ★ 면적: 4만 9,768km² ★ 설립 연도: 1979년 ★

갈색하이에나
나마쿠아카멜레온
로디지아기린
차크마개코원숭이
웰위치아
타조
빌로서스 블랙 전갈
나우클루프트산맥
고바벱 연구소
하트만산얼룩말
점박이하이에나
땅늑대
떼베짜기새
칼렌둘라우다 에뤼트로클라뮈스
검은코뿔소
나미브사막도마뱀 (스텝니아르카 피아스코누렉)
뤼펠느시
표범
나미브사막딱정벌레

누가 우리를
안내해 줄까?
몰라.
GPS 좌표만 있어.
표범은 아니면
좋겠는데 말이야.
하이에나도….
떼베짜기새
둥지
꼭 호텔 같네.
정말 굉장해!
여기다….
안녕!
내 이름은 오뭄본데야.
내가 이 주변을 안내해 줄게.
15분 뒤
세스림 캐니언

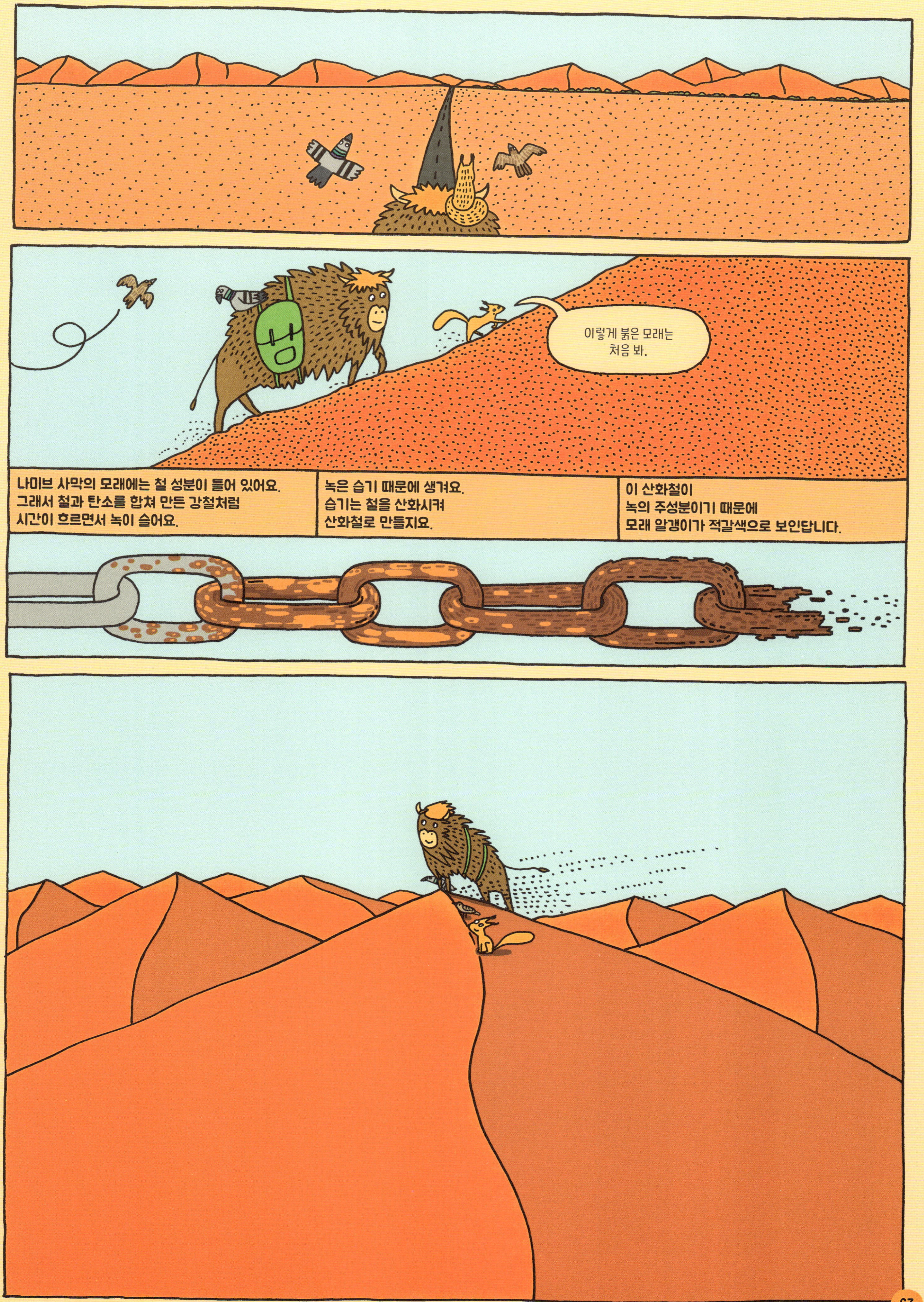
이렇게 붉은 모래는 처음 봐.
나미브 사막의 모래에는 철 성분이 들어 있어요. 그래서 철과 탄소를 합쳐 만든 강철처럼 시간이 흐르면서 녹이 슬어요.
녹은 습기 때문에 생겨요. 습기는 철을 산화시켜 산화철로 만들지요.
이 산화철이 녹의 주성분이기 때문에 모래 알갱이가 적갈색으로 보인답니다.

데드블레이(죽은 습지)
너무 힘들어서
더는 못 가겠어.
이 그루터기는 뭐야?
수백 년 전에는 비가 많이 내리면
차우차브강의 물이
여기까지 차올랐어.
그러다 모래 언덕이
이곳을 막자 강물이 길을 바꾸었고,
나무들은 시들어 버렸지.
기후가 습했더라면
나무들이 진작에 썩어서 사라졌겠지만
여기는 너무 건조해서 그러질 못했어.
차우차브강은 아주 가끔,
잠깐 동안만 생기는 강이야.
나우클루프트산맥에 집중 호우가 내린 뒤에만 나타나.
그 강이 방금 우리가 지나온
세스림 캐니언을 깊이 팠어. 이 근처에 밝은색 진흙으로
덮인 소수스블레이라는 향사(오목한 모양의 습곡)가 있는데,
종종 거기까지 강줄기가 닿기도 해. 예전에 여기까지
흘러왔듯이 말이야.
세스림 캐니언과
나우클루프트산맥
차우차브강
소수스블레이
데드블레이
나미브 사막의 일부는 나미브 나우클루프트 국립 공원에 포함되어 있어요.
이곳은 지구에서 가장 건조한 장소 가운데 하나예요.
비가 몹시 드물게 내려서, 몇 달은 물론이고
1년에 한 번꼴로 비가 올 때도 있어요.
바닷가에 있는 사막의 가장 건조한 지역에는
한 해 동안 겨우 2~20밀리미터 정도의 비가 내려요.
그곳에 작은 유리컵을
1년 내내 놓아두어도
4분의 1조차 채워지지 않는다는
뜻이에요.
1년에
2센티미터도
안 되는 물

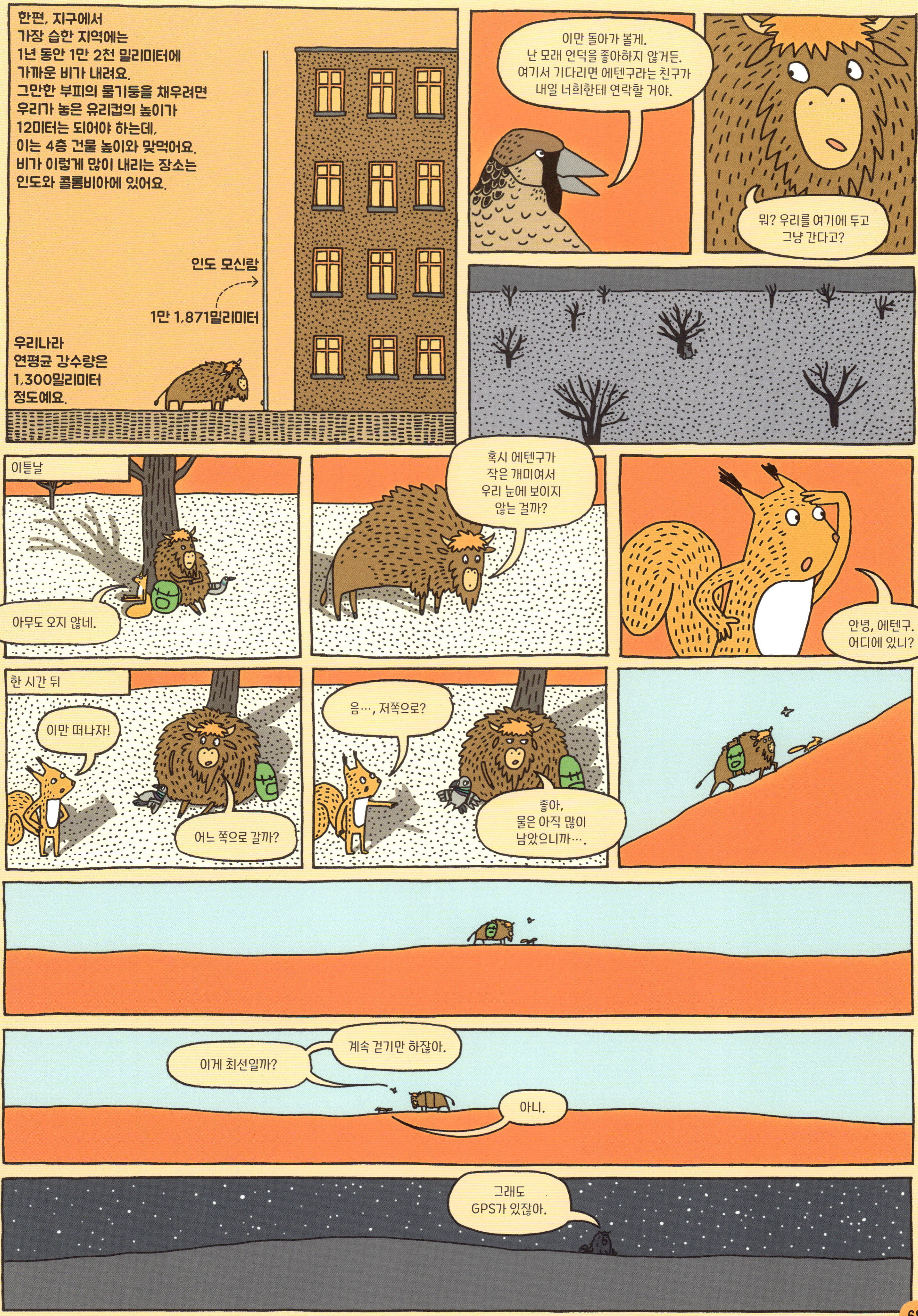

한편, 지구에서 가장 습한 지역에는 1년 동안 1만 2천 밀리미터에 가까운 비가 내려요. 그만한 부피의 물기둥을 채우려면 우리가 놓은 유리컵의 높이가 12미터는 되어야 하는데, 이는 4층 건물 높이와 맞먹어요. 비가 이렇게 많이 내리는 장소는 인도와 콜롬비아에 있어요.
인도 모신람
1만 1,871밀리미터
우리나라 연평균 강수량은 1,300밀리미터 정도예요.
이만 돌아가 볼게. 난 모래 언덕을 좋아하지 않거든. 여기서 기다리면 에텐구라는 친구가 내일 너희한테 연락할 거야.
뭐? 우리를 여기에 두고 그냥 간다고?
이튿날
아무도 오지 않네.
혹시 에텐구가 작은 개미여서 우리 눈에 보이지 않는 걸까?
안녕, 에텐구. 어디에 있니?
한 시간 뒤
이만 떠나자!
어느 쪽으로 갈까?
음…, 저쪽으로?
좋아, 물은 아직 많이 남았으니까….
이게 최선일까?
계속 걷기만 하잖아.
아니.
그래도 GPS가 있잖아.

이튿날
울라, 아무것도 안 보여!
안녕.
나는 에텐구라고
해.
잠시 뒤
안개가 왜 이렇게 짙어?
바다 위에서 바람이 몰고 오는 거야.
안개는 사막에 습기를 가져다주는
소중한 존재지. 우리에게
비보다 더 많은 수분을 주거든.
그렇지만 안개는
물이 아니잖아.
아니, 아주 미세한 물방울이야.
너무 가벼워서 공중에
떠 있을 뿐이지.
안개를 모아서
마시려면 일단….
얘들아,
여기 뭐가 있어.
한밤중에 안개가 끼면
나미브사막딱정벌레들이
모래 언덕을 타고 올라가요.
딱정벌레들은
꽁무니를 들어 올려서
안개가 날아오는 쪽을 마주하고 서요.
안개가 물방울이 되어 딱정벌레들의 몸에 맺히고,
이것이 점점 모여서 큰 물방울이 되면
입으로 흘러내린답니다.

사막의 무더위에서
살아남는 방법
어떻게 살까요?
톡토기는 모래에 홈을 파서
가장자리에 맺히는 물방울을 마셔요.
겜스복은 땀을 흘리는 대신에
체온을 42도까지 높여서 몸속의 수분을 지켜요.
나미브사막도마뱀은
안개의 수분을 머금은 모래와
식물에서 물을 얻어요. 몸에 달린
특별한 주머니에 수분을 모아 둬요.
모래가 너무 뜨거워지면
꼬리로 몸을 지탱하고 앞발과 뒷발을
한쪽씩 엇갈리게 들어 올려요.
시간이 지나면 발을 바꾸어 가면서 열을 식혀요.
이것으로도 부족할 때는
모래를 수십 센티미터
파고들어 가서 온도가
낮아질 때까지 기다려요.
쿠이셉 캐니언에 사는
차크마개코원숭이는 물 없이도
며칠을 버틸 수 있어요.
땅 밑에서 파낸 시원한 모래로
샤워도 해요.
나마쿠아카멜레온은 몸의 색을 바꿔서
체온을 조절해요. 몸을 데우고 싶으면 햇빛을
더 잘 흡수할 수 있는 어두운색으로 바꿔요.
반대로, 더울 때는 빛을 반사해서
열이 서서히 오르게끔
밝은색으로 바꾸고요.
나미브물갈퀴도마뱀붙이는
모래 구멍을 파서 온종일 그 안에서
지내요. 밤이 되어 조금 시원해지면
벌레를 잡으러 밖으로 나와요.

울라의 공책

나미브 나우클루프트 국립 공원

대서양 해안을 따라 뻗어 있어요.

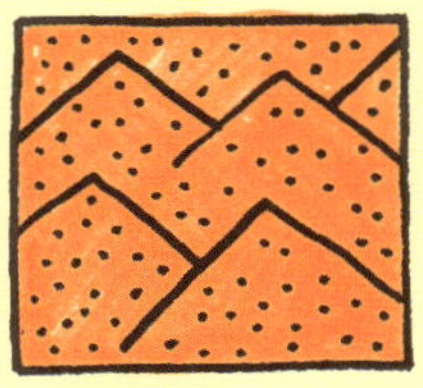

공원 대부분이 모래사막이에요.

세계에서 가장 높은 모래 언덕이 있어요.

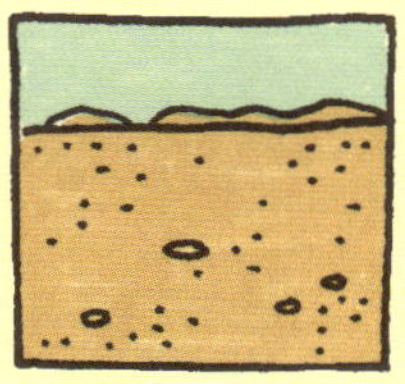

공원 북쪽에는 암석 평원이 있어요.

먹을 수 있는 열매

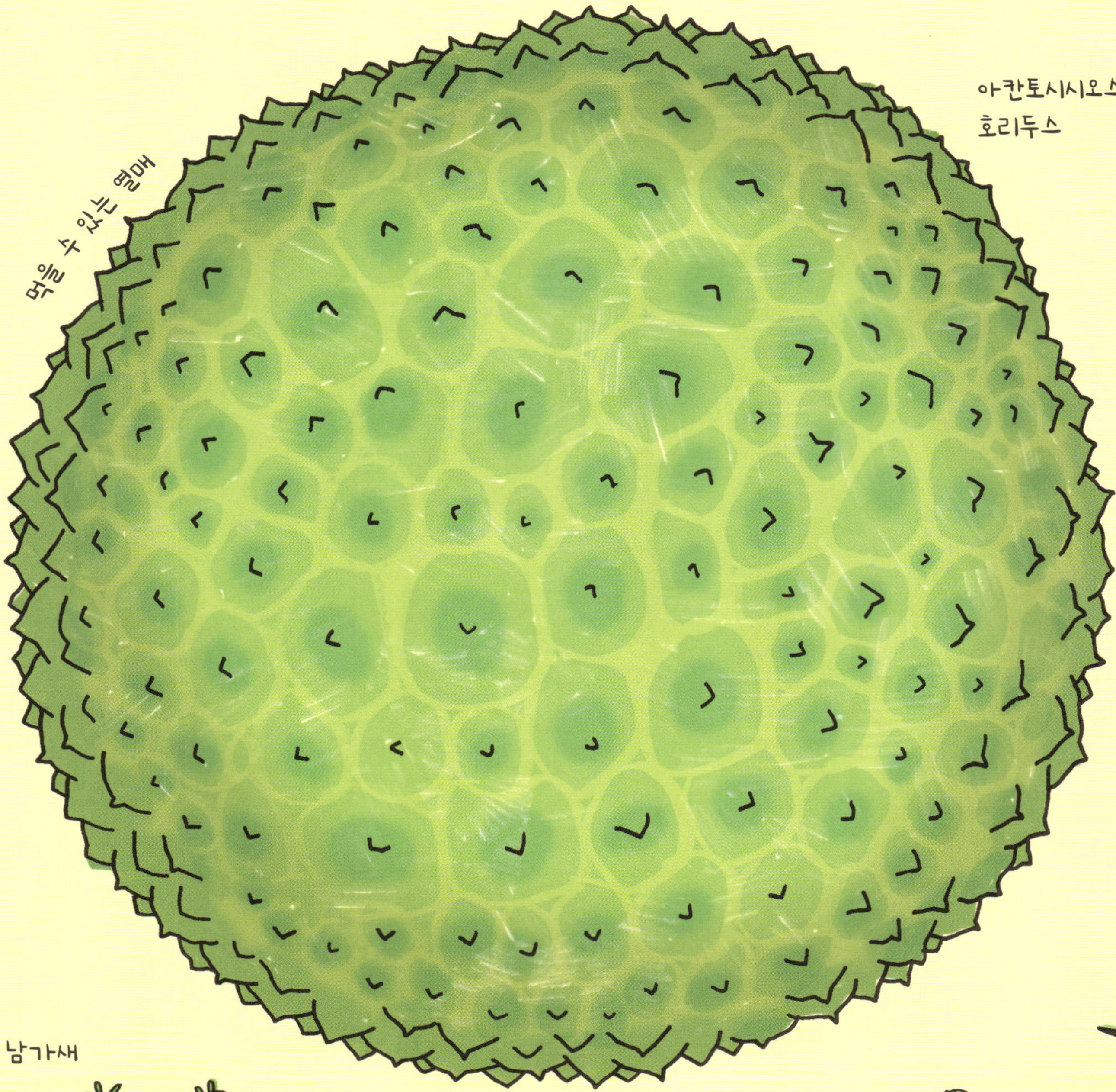

아칸토시시오스 호리두스

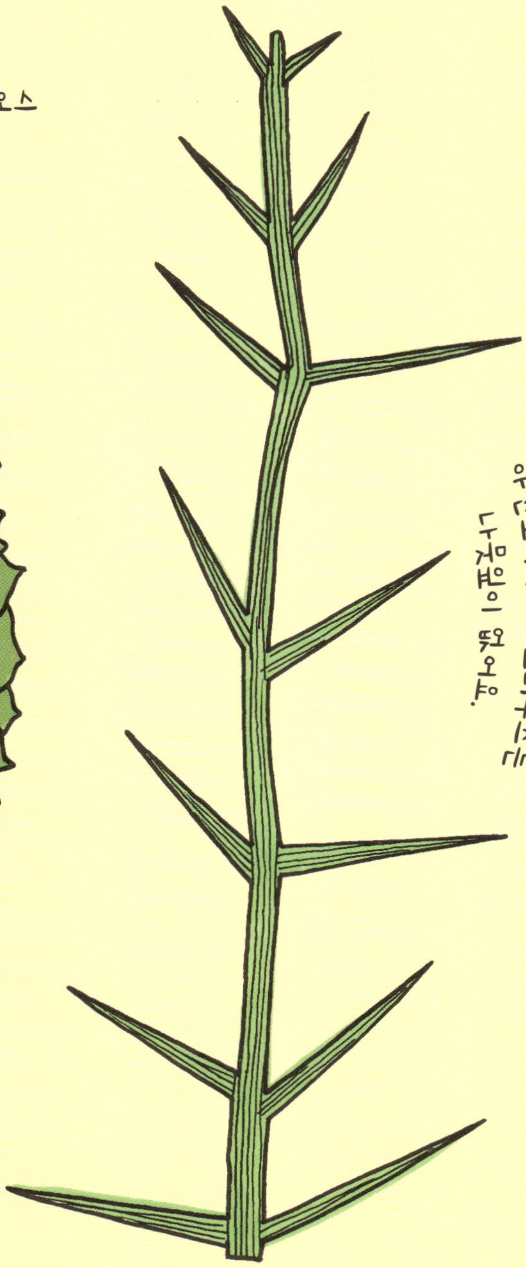

아칸토시시오스 호리두스는 나뭇잎이 없어요.

남가새

보시아 알비트룽카

낙타가시나무

고사목 데드블레이에는 이런 나무들이 있어요.

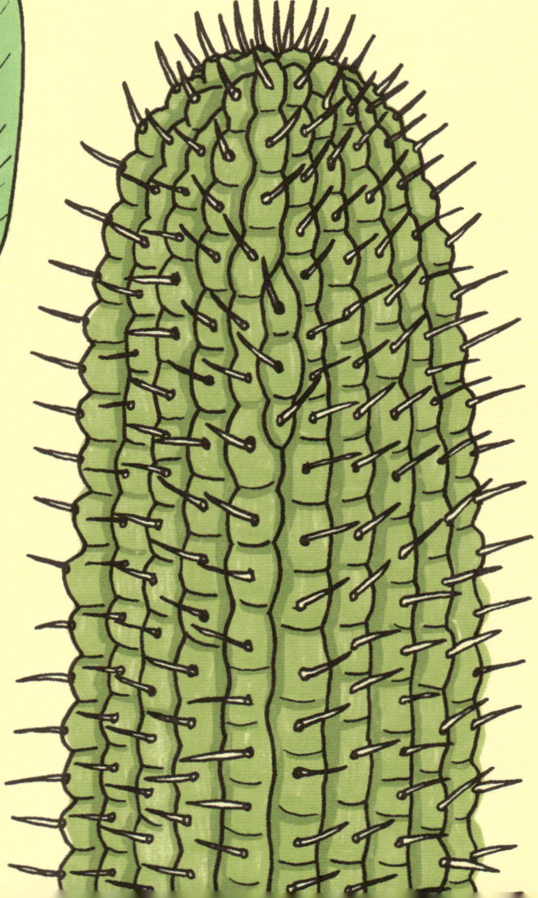

호오디아 쿠로리이

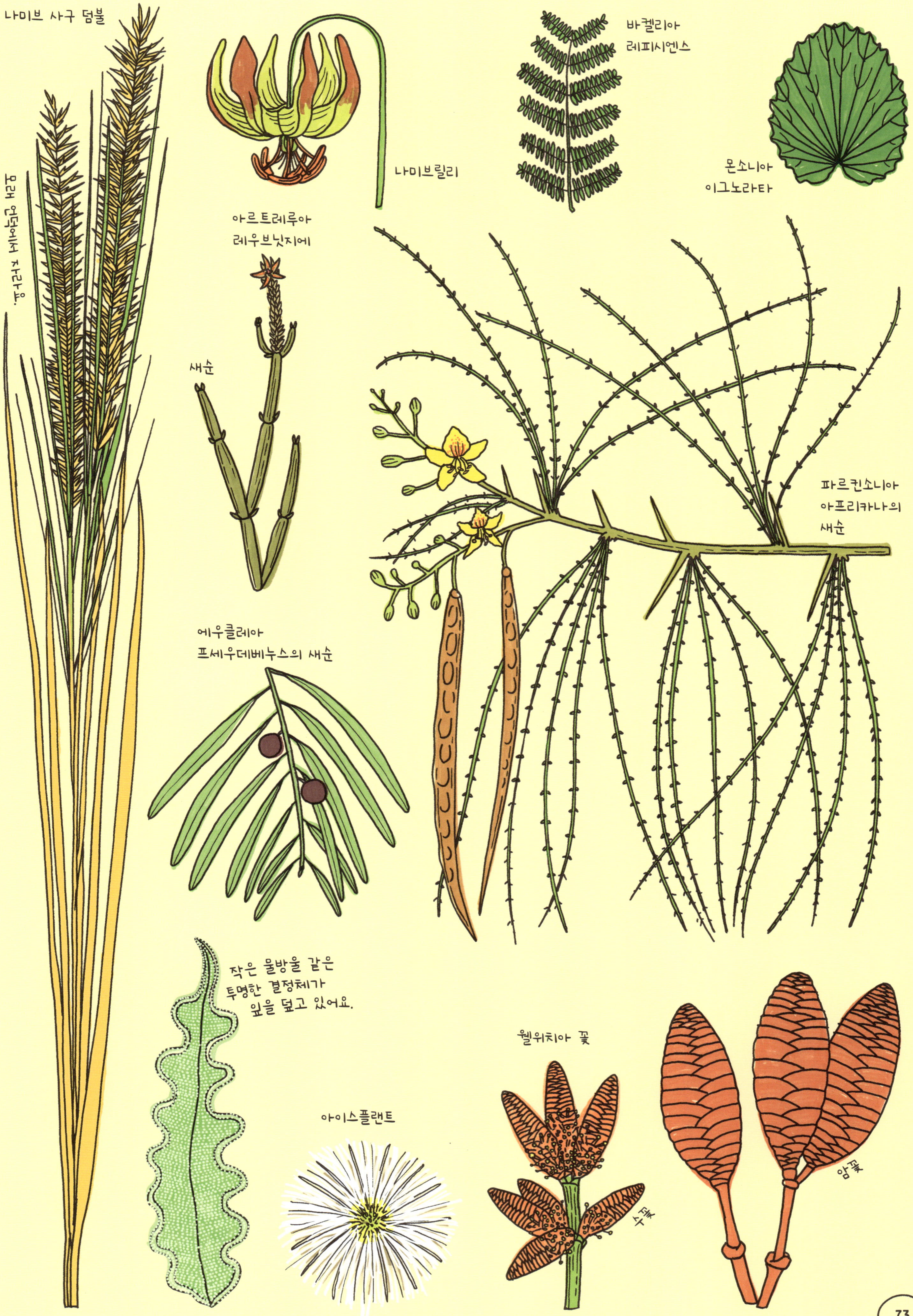
나미브 사구 덤불
모래 언덕에서 자라요.
나미브릴리
바켈리아
레피시엔스
몬소니아
이그노라타
아르트레루아
레우브닛지에
새순
파르킨소니아
아프리카나의
새순
에우클레아
프세우데베누스의 새순
작은 물방울 같은
투명한 결정체가
잎을 덮고 있어요.
아이스플랜트
웰위치아 꽃
수꽃
암꽃

웰위치아
Welwitschia mirabilis

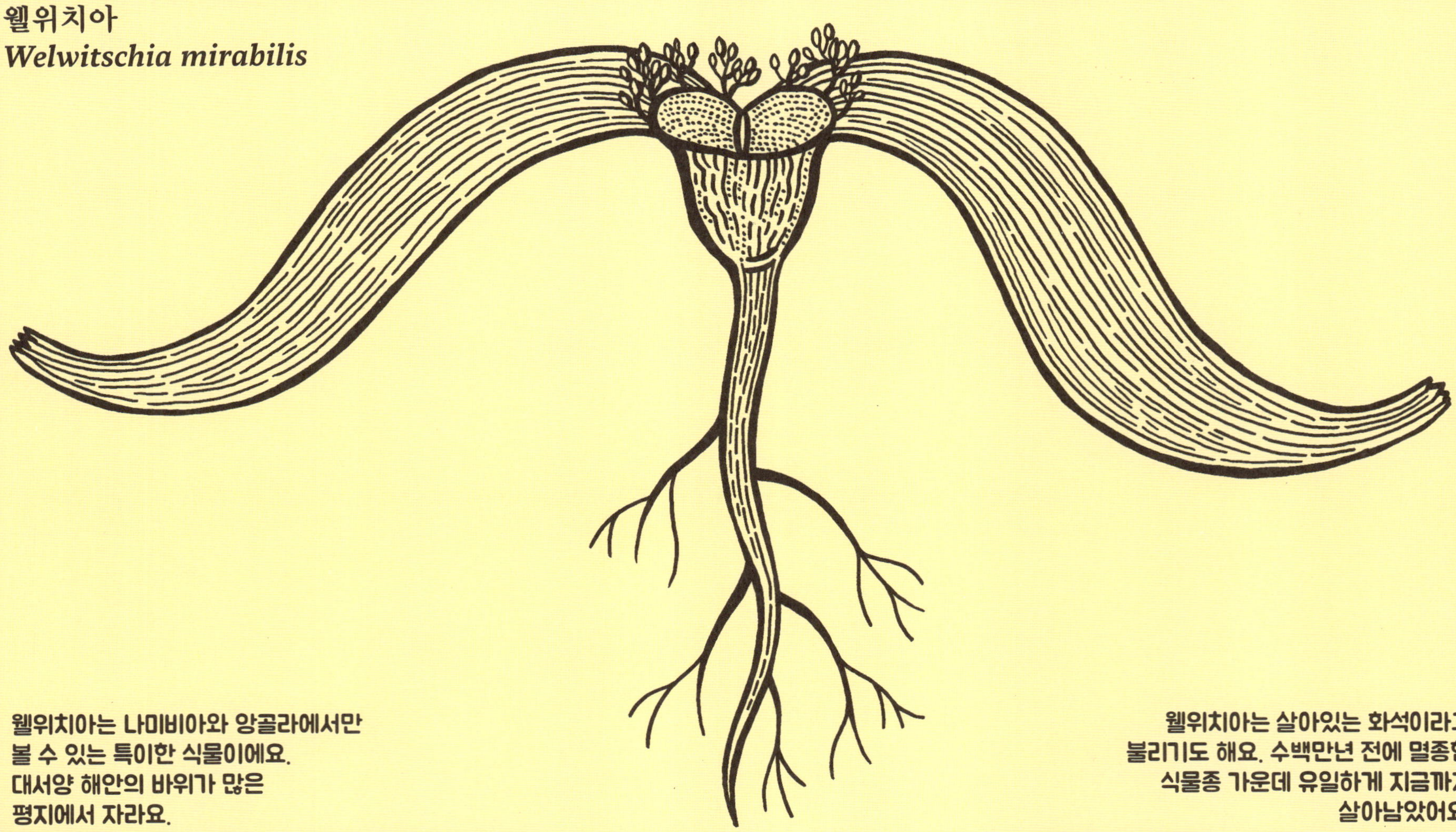

웰위치아는 나미비아와 앙골라에서만 볼 수 있는 특이한 식물이에요. 대서양 해안의 바위가 많은 평지에서 자라요.

웰위치아는 살아있는 화석이라고 불리기도 해요. 수백만년 전에 멸종한 식물종 가운데 유일하게 지금까지 살아남았어요.

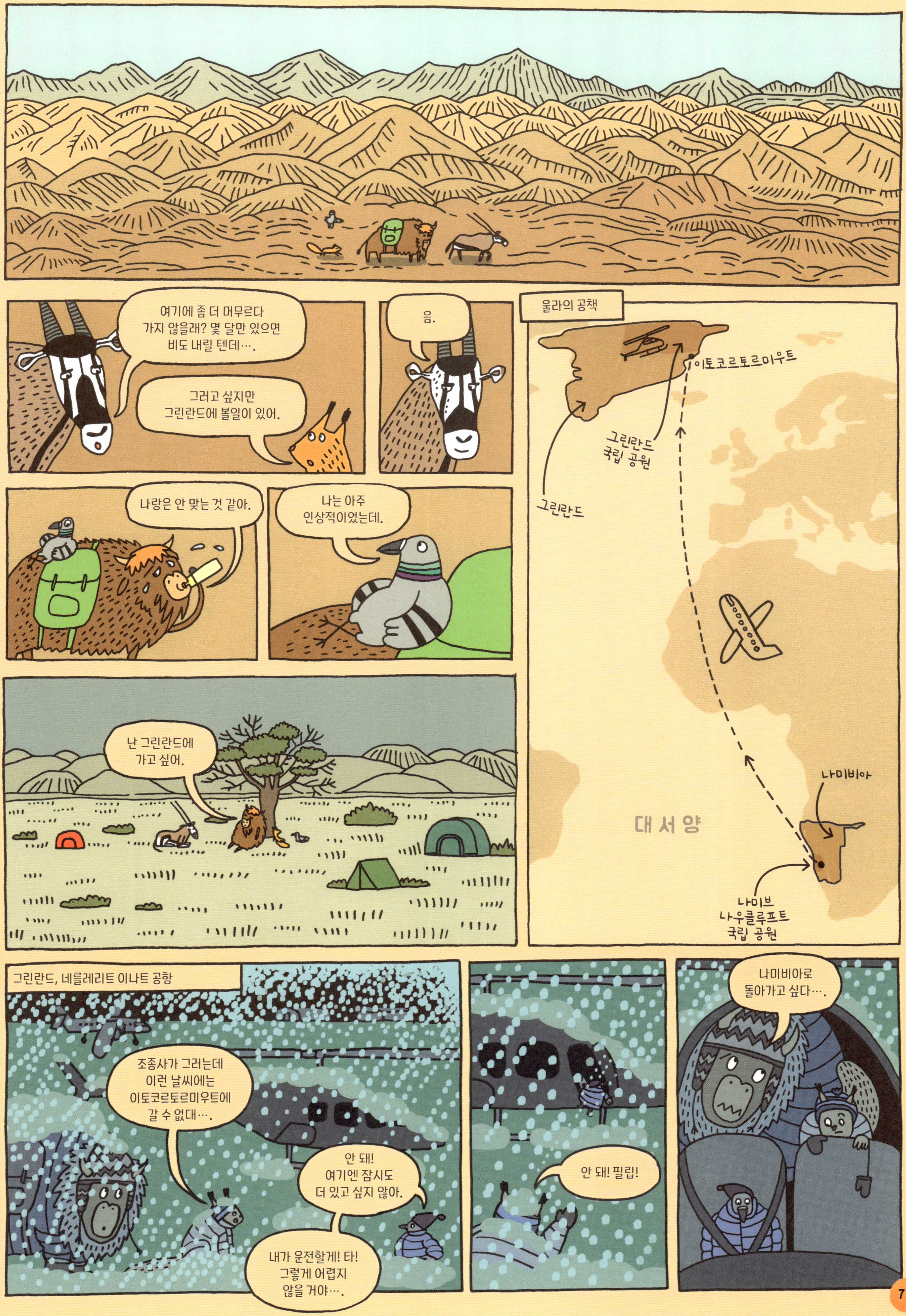

여기에 좀 더 머무르다 가지 않을래? 몇 달만 있으면 비도 내릴 텐데….
그러고 싶지만 그린란드에 볼일이 있어.
음.
나랑은 안 맞는 것 같아.
나는 아주 인상적이었는데.
난 그린란드에 가고 싶어.
울라의 공책
이토코르토르미우트
그린란드 국립 공원
그린란드
나미비아
대서양
나미브 나우클루프트 국립 공원
그린란드, 네를레리트 이나트 공항
조종사가 그러는데 이런 날씨에는 이토코르토르미우트에 갈 수 없대….
안 돼! 여기엔 잠시도 더 있고 싶지 않아.
내가 운전할게! 타! 그렇게 어렵지 않을 거야….
안 돼! 필립!
나미비아로 돌아가고 싶다….

그린란드 국립 공원

★ 그린란드(덴마크령) ★ 면적: 97만 2,000km^2 ★ 설립 연도: 1974년 ★

노르드
군 기지
바다코끼리
고리무늬물범
북극곰
하프물범
극지대구
북극고래
두건물범
그린란드상어
턱수염바다물범

방향은 제대로 잡은 거야?
몰라! 아무것도 안 보여!
으아악!
으아아아아악!!!
두 시간 뒤
이튿날
24시간 뒤
우리가 어디에 있는지 전혀 모르겠어.
언제 낮이 오는 걸까?
몰라….
저기 봐, 오로라다!

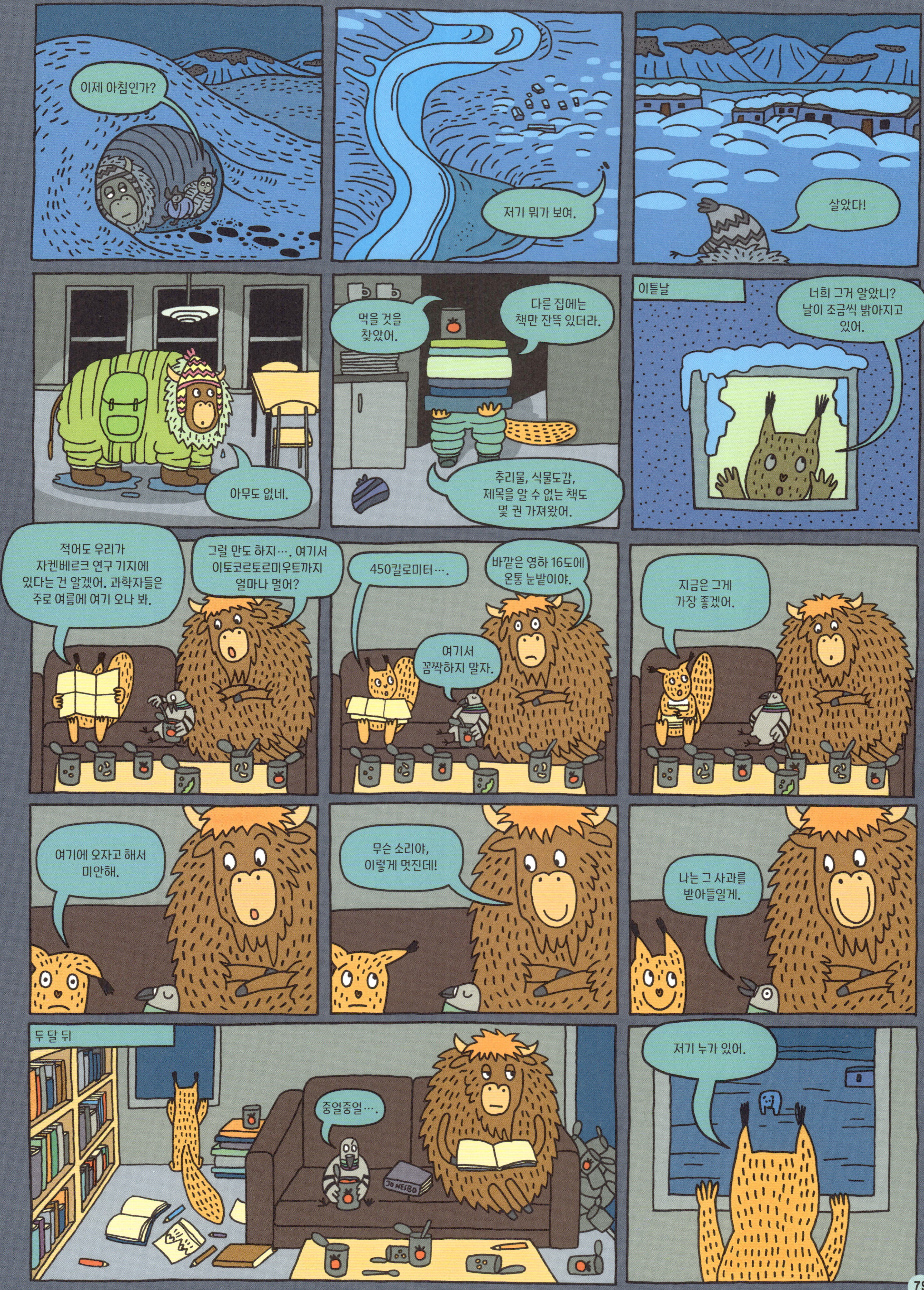

이제 아침인가?
저기 뭐가 보여.
살았다!
아무도 없네.
먹을 것을
찾았어.
다른 집에는
책만 잔뜩 있더라.
추리물, 식물도감,
제목을 알 수 없는 책도
몇 권 가져왔어.
이튿날
너희 그거 알았니?
날이 조금씩 밝아지고
있어.
적어도 우리가
자켄베르크 연구 기지에
있다는 건 알겠어. 과학자들은
주로 여름에 여기 오나 봐.
그럴 만도 하지…. 여기서
이토코르토르미우트까지
얼마나 멀어?
450킬로미터….
바깥은 영하 16도에
온통 눈밭이야.
여기서
꼼짝하지 말자.
지금은 그게
가장 좋겠어.
여기에 오자고 해서
미안해.
무슨 소리야,
이렇게 멋진데!
나는 그 사과를
받아들일게.
두 달 뒤
중얼중얼….
JO NESBO
저기 누가 있어.

저기….
너 어디로 가니?
너부터 먼저 나와 보렴!
조금 무서워서….
걱정 마. 난 방금 식사를 마쳤거든.
내 이름은 울라야.
하하하! 너희 부모님은 유머 감각이 뛰어나시구나.*
난 말릭이라고 해.
* '우르술라'의 애칭인 '울라'는 라틴어로 '작은 곰'이라는 뜻이에요.
너는 어디 가는 길이니?
남쪽.
우리가 너를 따라가면 이토코르토르미우트까지 갈 수 있을까?
뭐? 아니….
'우리'라니 누굴 말하는 거야?
나랑 주브르랑 비둘기….
주브르? 그게 뭔데?
들소랑 비슷한 동물이야.
들소? 절대 안 돼. 걔가 어떻게 이 눈 속에서 걸을 수 있겠어?
난 하루에 30킬로미터쯤 이동해. 너랑 비둘기는 내 등에 태워도 되겠지만 들소는 힘들어!
너희는 이 동네 출신이 아니어서, 내가 도와줘도 목적지까지 가기 어려울 거야. 못해도 봄이 오기 전까지는 말이야.
우리는 이토코르토르미우트에서 친구랑 만나기로 했거든.
내가 거기에 도착하면 너희 소식을 전해 줄게.
고마워!
안녕!
우리 친구 이름은 다코타야! 걔는 진짜 들소란다!
그런데 너, 해가 언제 뜨는지 아니?

지구에서는 대부분 매일 아침 해가 뜨고,
저녁이 되면 해가 져요.
그러나 모든 곳이 그렇지는 않아요.
북극과 남극에서는 상황이 아예 달라요.
이것은 우리가 사는 행성의 운동과
자전축하고 관련이 있어요.

지구는 자전축이 기울어진 채로 태양 둘레를 공전하기 때문에
각 극은 반년 동안은 태양 쪽에서 돌고,
나머지 반년 동안은 반대쪽에서 회전해요.
이 때문에 세계 곳곳에서는 1년 동안
낮과 밤의 길이가 변하고 대기의 온도가 달라져요.
그래서 우리는 여러 계절을 겪지요.

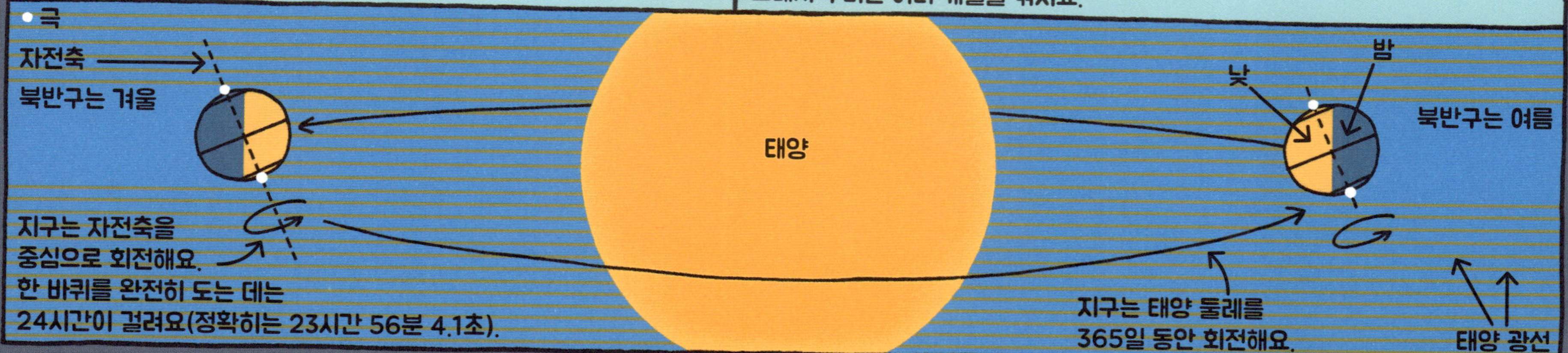

극지방에서 태양은 1년에 한 번만 떠요.

그때부터 백야 현상이 일어나서
3개월 동안 태양이 하늘로 조금씩 높이 올라가요.

백야 현상이 나타날 때 극에 서 있으면, 태양은 우리 주변을 24시간 동안 돌 거예요. 북극에서 태양이 우리 머리 위로 가장 높이 원을 그리는 시기는 6월 하지**예요.

만일 우리가 북극에서 3개월을 더 머무른다면,
태양이 우리 주변을 돌며 점점 내려가서
지평선에 가까워질 거예요.

태양이 가장 낮은 위치에서 회전하고
1년에 딱 한 번 해가 지는 날이 추분이에요.
그러면 백야는 끝나고 극야가 시작된답니다.
그때부터 6개월 동안 태양은 지평선 위로
모습을 드러내지 않아요.

그래도 아예 어두워지는 것은 아니에요.
약한 햇빛이 공기 중에 퍼져서
마치 해 질 무렵의 하늘처럼 보일 때도 있어요.
태양이 지평선 위에서 회전했듯이 지평선 아래에서도 천천히 돌면서
내려가기 때문에 이런 현상은 몇 주 동안 이어져요.
마찬가지로 1년에 한 번 새벽이 올 때도
하늘이 오랜 시간에 걸쳐 천천히 밝아져요.

태양이 지평선 아래 가장 낮은 곳에 위치해요.

* 태양이 정확하게 적도 위에 위치하여
지구상의 모든 곳에서 낮과 밤의 길이가 같아지는 때

** 북반구에서는 1년 중 낮의 길이가 가장 길고,
남반구에서는 가장 짧아지는 때

낮이 24시간 넘게 이어지는 백야 현상과 밤이 24시간 넘게 이어지는 극야 현상은 극과 극권 사이에서 일어나요.

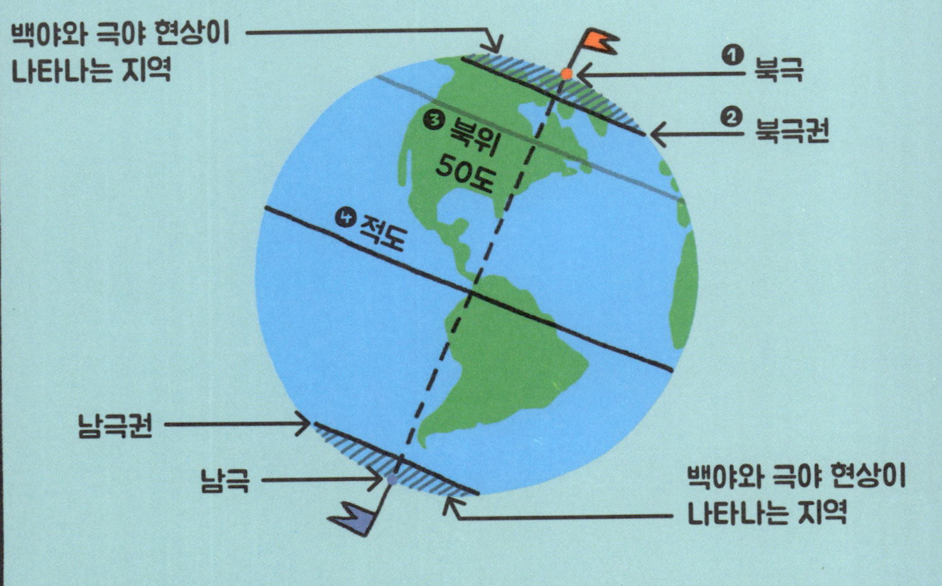

북극과 남극에서는 백야와 극야 현상이 가장 길게 나타나요. 무려 6개월 동안이나 이어지지요. 극권으로 내려갈수록 그 기간이 조금씩 짧아져요.

자켄베르크 연구 기지에서는 주로 11월 7일부터 2월 3일 사이에 극야 현상이 일어나요.

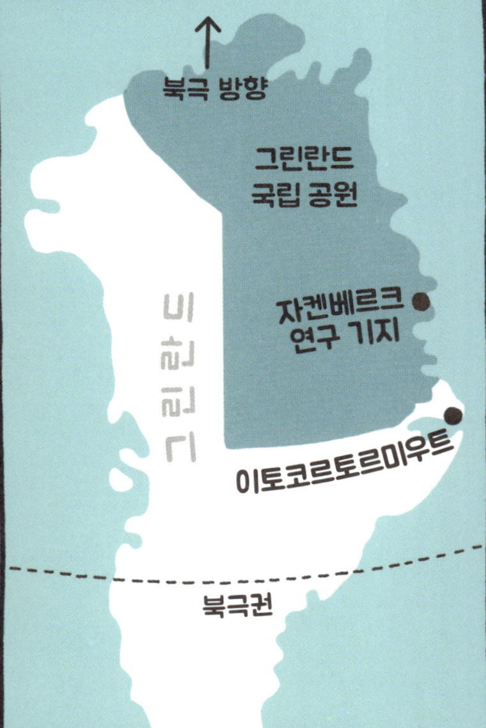

북극에서 멀리 떨어진 작은 도시 이토코르토르미우트에서는 극야 현상이 발생하는 기간이 좀 더 짧아요. 보통 11월 23일에 시작해서 이듬해 1월 18일쯤에 끝나요.

하지 때 하늘에서 태양이 움직이는 경로
(6월 20~21일께)

❶ 북극

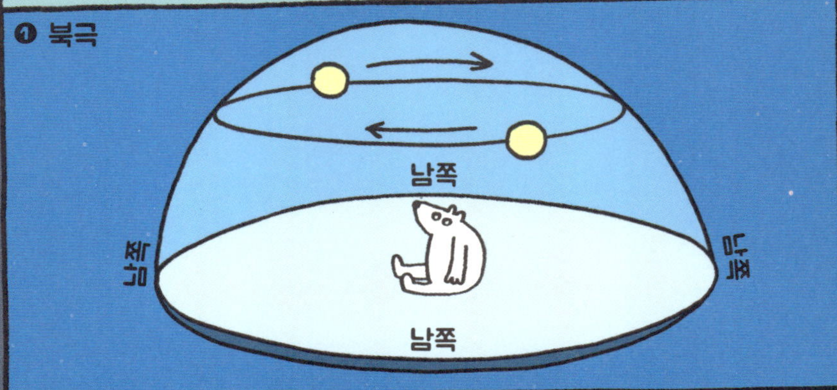

❷ 북극권

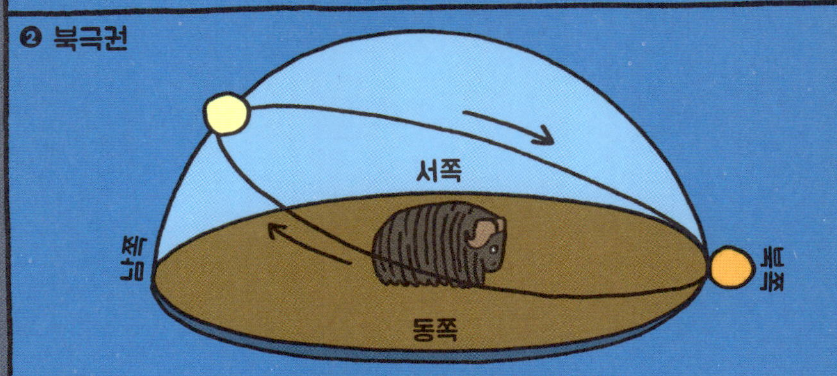

1년에 딱 한 번, 태양의 중심이 하루 종일 지평선 위에 머무르는 날이에요.

❸ 북극권 이남

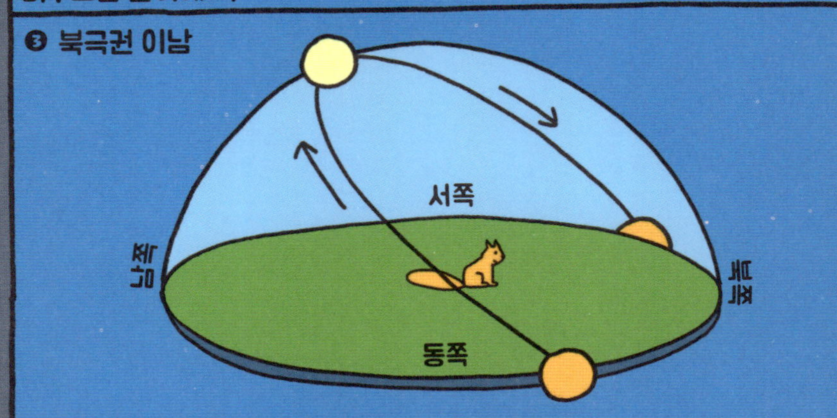

여기에서는 1년 중 낮이 가장 긴 하지에도 해가 져요. 그리고 백야나 극야 현상도 없어요.

❹ 적도

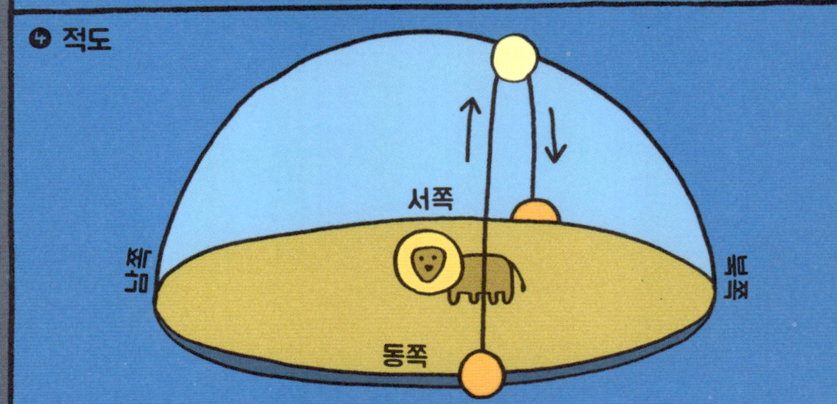

이 지역에서는 낮과 밤의 길이가 비슷하고 1년 내내 거의 변하지 않아요.

지구 곳곳에서 1년 동안 해가 지평선 위에 머무르는 시간은 거의 같아요. 장소마다 시간에 따라 햇빛이 퍼지는 정도가 다를 뿐이에요. 다시 말해 햇빛의 각도가 다르기 때문에 극지방 주변은 더 춥고 적도 근처는 따뜻한 거예요.

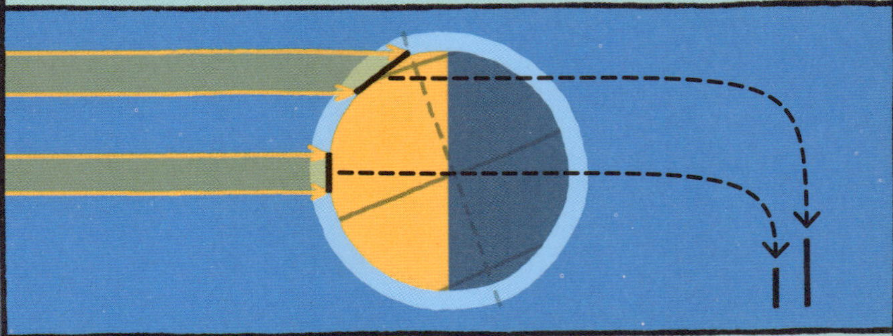

같은 양의 태양 광선이 적도보다 극지방에서 더 넓은 면적을 데워요. 태양 광선은 태양 에너지의 일부를 흡수하고 분산하는 대기(지구를 둘러싼 가스층을 뜻해요)를 지나 먼 길을 와요.

겨울 여름

그린란드 국립 공원은 북극 지방에 있어요.

북극 지방은 북극을 중심으로 넓게 펼쳐진 지역이에요. 7월의 평균 기온이 섭씨 10도를 넘지 않는 곳이라고 정의한 사람도 있어요.

이 지역에 사는 동물들은 다른 따뜻한 곳보다 훨씬 적어요. 겨울이 오면 그 수가 더 줄어들어요.

사향소는 추위를 피할 곳을 찾지 않아요. 날씨가 좋지 않을 때는 바람을 등지고 꼼짝 않으면서 최소한의 에너지만 소비해요.

몸을 이중으로 뒤덮은 털은 사향소를 바람과 추위에서 지켜 줘요. 바깥층에서는 세상에서 가장 따뜻한 털을 얻을 수 있어요.

아무리 혹독한 환경에 적응했다지만 북극토끼와 북극여우, 북극곰은 눈 속에 굴을 파서 무시무시한 추위에 대비해요.

북극토끼는 후각이 무척 뛰어나서 눈 밑에 있는 식물을 찾을 수 있어요.

북극여우는 훌륭한 청력 덕분에 눈 밑에 숨은 설치류를 쉽게 사냥할 수 있어요.

북부목걸이레밍은 눈 속에 판 굴에서 겨울을 보내요.

북극곰은 삶의 대부분을 얼음에 덮인 바다 위에서 지내요. 북극곰의 주식인 바다표범을 사냥할 수 있기 때문이지요.

가을과 겨울에는 북극 연안이 얼음으로 덮여요. 그래서 그곳에 사는 동물들이 좀 더 쉽게 돌아다니거나 사냥할 수 있어요.

숨구멍

바다표범은 얼음에 뚫려 있는 숨구멍에서 지내요. 숨을 쉬어야 할 때 이 구멍을 통해 수면 위로 나와요. 북극곰은 바다표범을 잡기 위해 그 순간을 노리지요.

빙호(폴리니아)란 바람과 따뜻한 해류의 영향을 받아 얼음 표면에 생기는 커다란 구멍이에요.

쇠목테갈매기

큰부리바다오리

분홍발기러기

흰죽지바다비둘기

새들은 대개 여름에 공원에 나타났다가 겨울이 되면 남쪽으로 떠나요.

목테갈매기

호사북방오리

흰올빼미

흰뺨기러기

곤충들은 눈 밑에서 겨울잠을 자요. 어떤 곤충들은 영하 몇십 도나 되는 추위에서도 얼지 않아요. 체액의 어는점을 낮추는 특수한 화학 물질이 나오기 때문이에요.

각시바다쇠오리

흰갈매기

얼음이 녹는 여름에는 북극곰이 바다표범을 사냥할 수 없어요. 그래서 이 기간에는 몇 달 동안 먹지 않고도 버틸 수 있어요. 하지만 만일 얼음이 너무 빨리 녹아서 봄이 일찍 오고 가을이 늦어진다면, 곰들이 굶어 죽을지도 몰라요.

여름에 그린란드를 찾는 고래의 대부분은 겨울에 남쪽으로 떠나요.

혹등고래는 여름에 북쪽으로 와요.

해양 동물은 육지를 덮치는 극한의 추위에 대처할 필요가 없어요. 바닷속 온도가 바닷물의 어는점인 영하 2도보다 낮아지는 일은 없거든요.

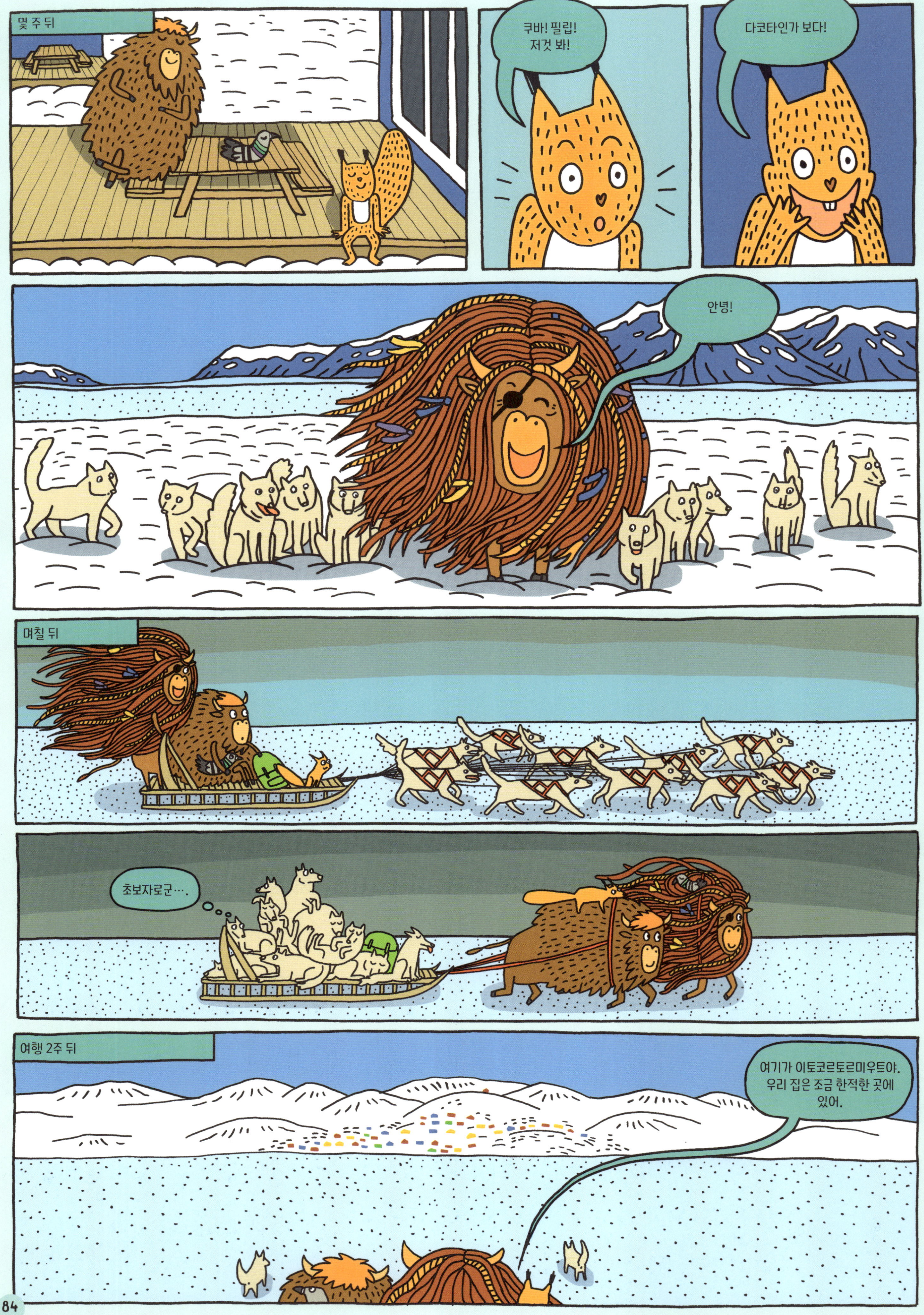
몇 주 뒤
쿠바! 필립!
저것 봐!
다코타인가 보다!
안녕!
며칠 뒤
초보자로군….
여행 2주 뒤
여기가 이토코르토르미우트야.
우리 집은 조금 한적한 곳에
있어.

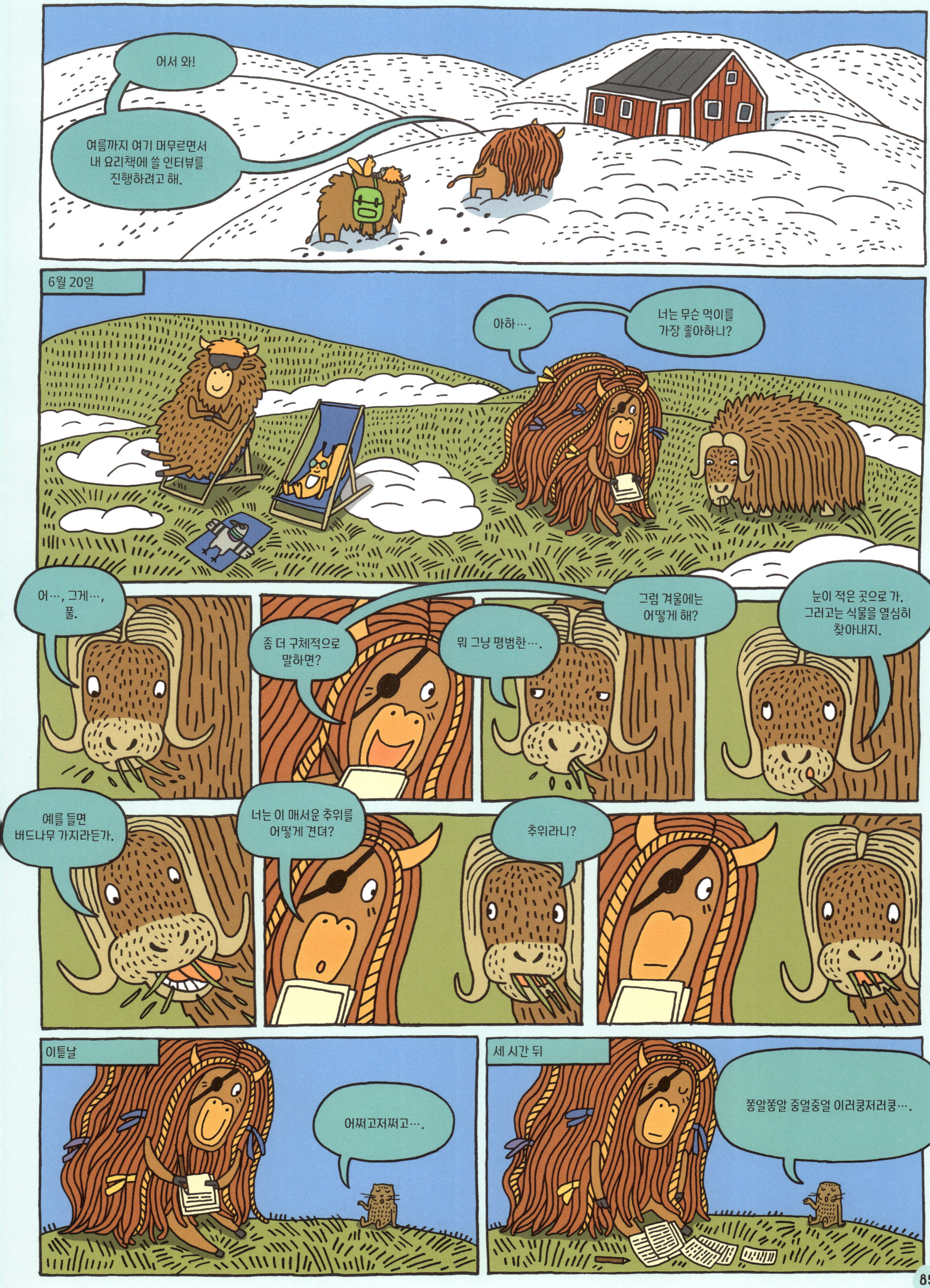

어서 와!
여름까지 여기 머무르면서 내 요리책에 쓸 인터뷰를 진행하려고 해.
6월 20일
너는 무슨 먹이를 가장 좋아하니?
아하….
어…, 그게…, 풀.
좀 더 구체적으로 말하면?
뭐 그냥 평범한….
그럼 겨울에는 어떻게 해?
눈이 적은 곳으로 가. 그러고는 식물을 열심히 찾아내지.
예를 들면 버드나무 가지라든가.
너는 이 매서운 추위를 어떻게 견뎌?
추위라니?
이튿날
어쩌고저쩌고….
세 시간 뒤
쫑알쫑알 중얼중얼 이러쿵저러쿵….

지금 우리는 북극에 점점 가까워지고 있어요.
북극에 가까워질수록 나무의 수는 줄어들고 키도 작아져요.
북극에 완전히 접어들면 나무가 모습을 감추고
키가 작은 식물이 자라는 툰드라가 나타나요.
툰드라
툰드라는 그린란드 바닷가에 형성되어 있어요.
그래서 세계에서 가장 큰 이 섬의 모든 생명체가 툰드라로 모여들어요.
그린란드는 대부분 1킬로미터가 넘는 두꺼운 얼음층에 덮여 있는데
이를 대륙 빙하라고 해요. 그래서 땅속에는 동물이나 식물이 하나도 살지 않아요.
그린란드
대륙 빙하
겨우 수십 센티미터밖에 안 되는 토양층 밑에는
꽁꽁 얼어붙어 절대 녹지 않는
영구 동토층이 있어요. 이것이 바로
나무가 자라지 못하는 이유 가운데 하나예요.
뿌리를 내릴 만한 공간이 충분하지 않기 때문이지요.
얼어붙은 토양층
이곳 기후는 건조하지만,
여름에는 눈이 녹으면서 습지와 웅덩이가 생겨요.
땅이 얼어붙어서 물이 스며들지 않기 때문이에요.
덕분에 식물은 더 오랫동안 물을 빨아들일 수 있어요.
웬 늪이야!
여기서 살기란 쉽지 않아.
스스로 잘 대처해야 해.
게다가 식물이 성장하려면
적절한 온도가 필요한데,
여기는 1년 중 따뜻한 기간이 몹시 짧아요.
잎과 뿌리를 키우기에는 충분할지 몰라도
키가 크기는 어려워요.
불평하고 있을
시간이 없어!
그래도 지상이 가장 따뜻해요.
여름에 얼음이 녹으면 지면의 온도가
땅속 1~2미터 아래보다 훨씬 높아져요.
늦여름에는 많은 식물이 겨울을 앞두고 새싹과 잎을 틔워요.
식물들은 눈 밑에서 봄까지 견디다가,
햇빛이 처음 비치는 때에 맞추어 생장해요.
얘들아, 서둘러!
곧 여름이 끝나.
자주범의귀
이제야 피우기
시작했는데….
두메양귀비
어떤 식물은
여름에 눈이 녹지 않아도
그 아래에서 몇 년이나 버틸 수 있어요.
나도수영
너희도 알겠지만
여기는 춥고, 건조하고,
바람도 불고, 지면은 약해.

울라의 공책

그린란드 국립 공원

세계에서
가장 큰
국립 공원이에요.

땅 깊숙이까지
얼음이 뒤덮고
있어요.

연안 지역에는
키가 작은
툰드라 식물들이
자라요.

해안은 지대가
높고 피오르가
있어요.

피오르는 내륙을 가로지르는
좁고 깊은 만이에요.

구름송이풀
북극종꽃나무
검은시로미
황산차
툰드라풀
북극양지꽃
포텐틸라 휘파르크티카
북극황새냉이
북극황새풀
북극점나도나물
북극우드러시
루줄라 니발리스
북극개미자리
북극고산개망초
에리게론 후밀리스

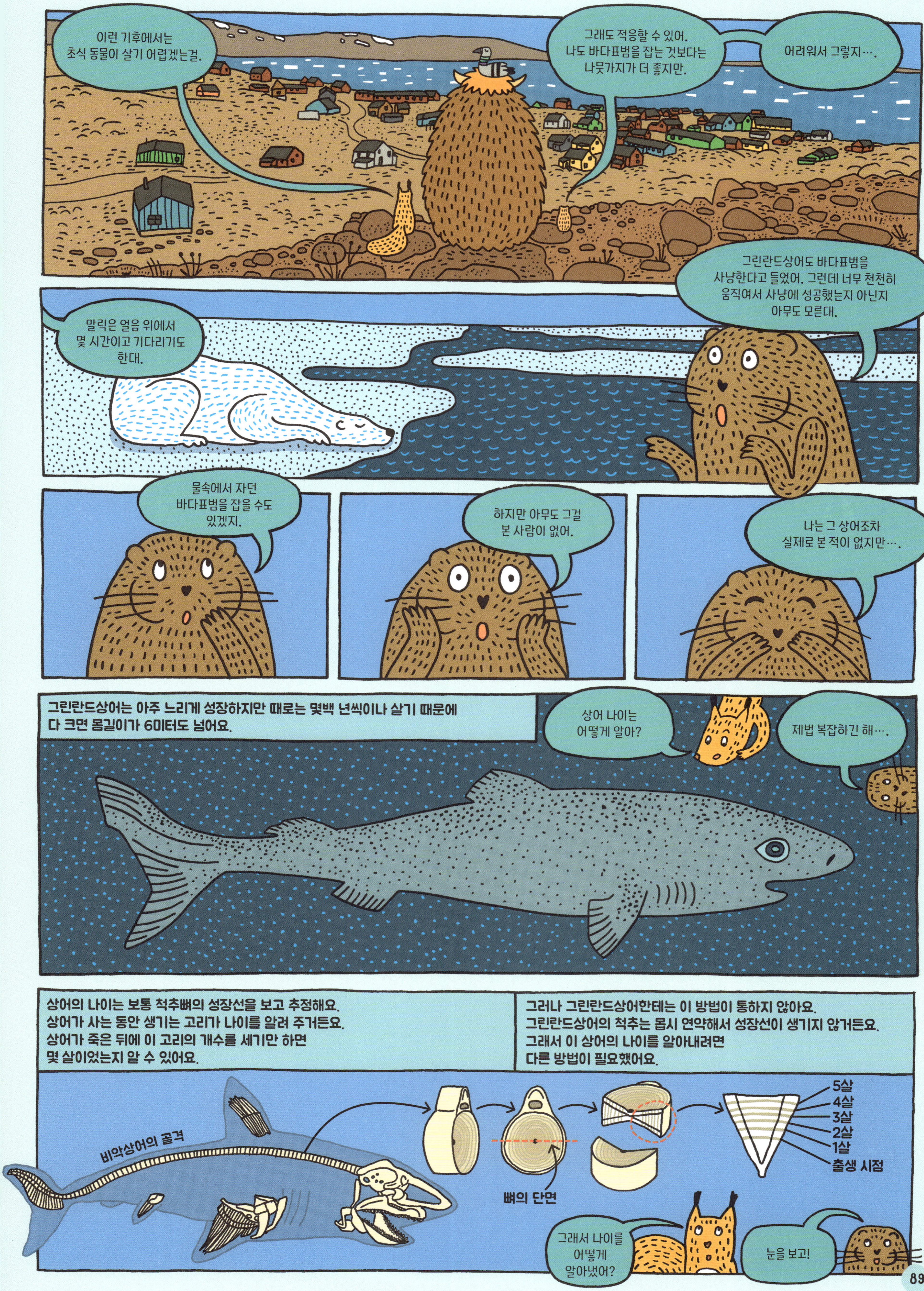

이런 기후에서는 초식 동물이 살기 어렵겠는걸.
그래도 적응할 수 있어. 나도 바다표범을 잡는 것보다는 나뭇가지가 더 좋지만.
어려워서 그렇지….
말릭은 얼음 위에서 몇 시간이고 기다리기도 한대.
그린란드상어도 바다표범을 사냥한다고 들었어. 그런데 너무 천천히 움직여서 사냥에 성공했는지 아닌지 아무도 모른대.
물속에서 자던 바다표범을 잡을 수도 있겠지.
하지만 아무도 그걸 본 사람이 없어.
나는 그 상어조차 실제로 본 적이 없지만….
그린란드상어는 아주 느리게 성장하지만 때로는 몇백 년씩이나 살기 때문에 다 크면 몸길이가 6미터도 넘어요.
상어 나이는 어떻게 알아?
제법 복잡하긴 해….
상어의 나이는 보통 척추뼈의 성장선을 보고 추정해요. 상어가 사는 동안 생기는 고리가 나이를 알려 주거든요. 상어가 죽은 뒤에 이 고리의 개수를 세기만 하면 몇 살이었는지 알 수 있어요.
그러나 그린란드상어한테는 이 방법이 통하지 않아요. 그린란드상어의 척추는 몹시 연약해서 성장선이 생기지 않거든요. 그래서 이 상어의 나이를 알아내려면 다른 방법이 필요했어요.
백상아리의 골격
뼈의 단면
5살
4살
3살
2살
1살
출생 시점
그래서 나이를 어떻게 알아냈어?
눈을 보고!

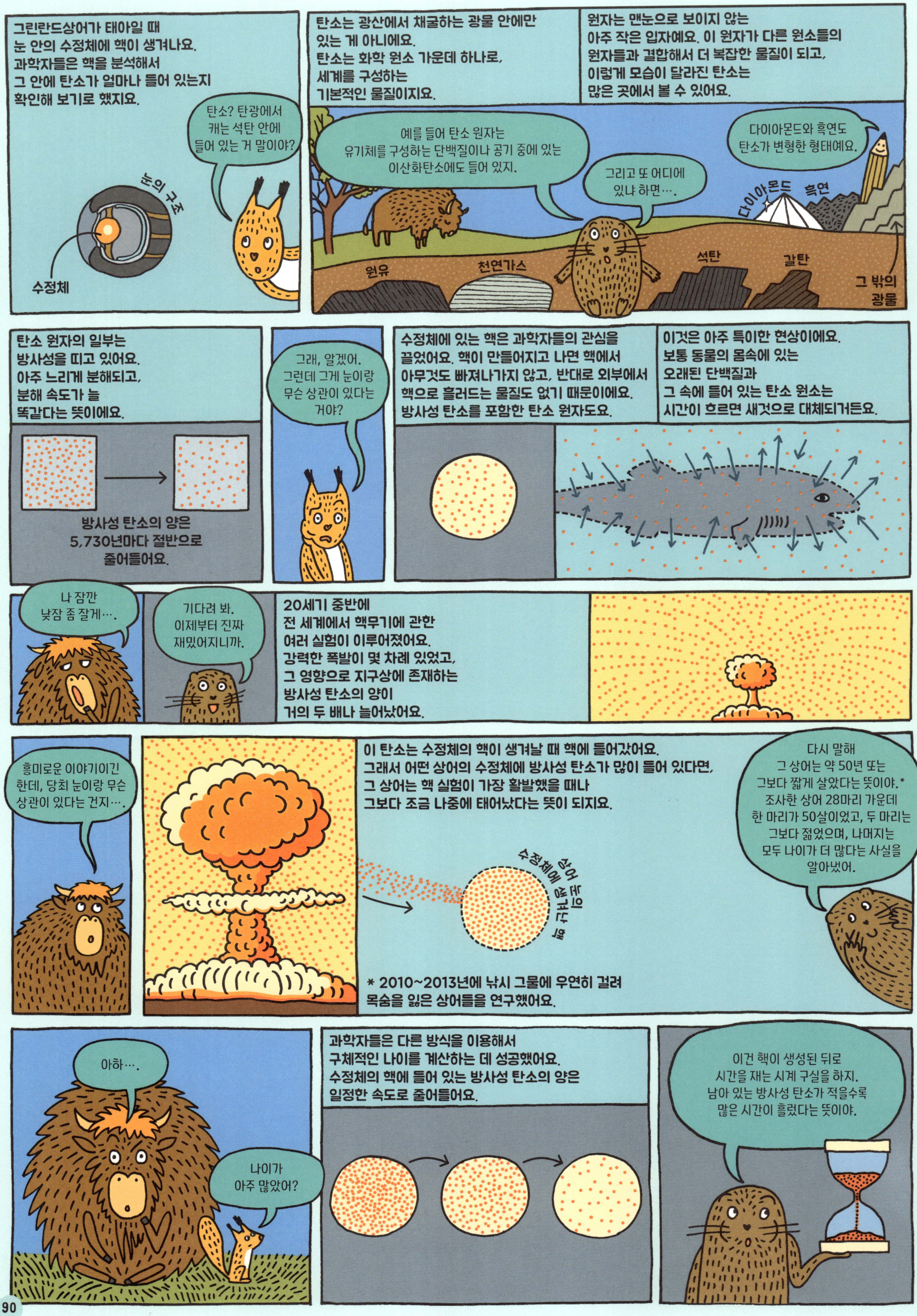

그린란드상어가 태아일 때 눈 안의 수정체에 핵이 생겨나요. 과학자들은 핵을 분석해서 그 안에 탄소가 얼마나 들어 있는지 확인해 보기로 했지요.
탄소? 탄광에서 캐는 석탄 안에 들어 있는 거 말이야?
눈의 구조
수정체
탄소는 광산에서 채굴하는 광물 안에만 있는 게 아니에요. 탄소는 화학 원소 가운데 하나로, 세계를 구성하는 기본적인 물질이지요.
원자는 맨눈으로 보이지 않는 아주 작은 입자예요. 이 원자가 다른 원소들의 원자들과 결합해서 더 복잡한 물질이 되고, 이렇게 모습이 달라진 탄소는 많은 곳에서 볼 수 있어요.
예를 들어 탄소 원자는 유기체를 구성하는 단백질이나 공기 중에 있는 이산화탄소에도 들어 있지.
그리고 또 어디에 있냐 하면….
다이아몬드와 흑연도 탄소가 변형한 형태예요.
다이아몬드
흑연
원유
천연가스
석탄
갈탄
그 밖의 광물
탄소 원자의 일부는 방사성을 띠고 있어요. 아주 느리게 분해되고, 분해 속도가 늘 똑같다는 뜻이에요.
방사성 탄소의 양은 5,730년마다 절반으로 줄어들어요.
그래, 알겠어. 그런데 그게 눈이랑 무슨 상관이 있다는 거야?
수정체에 있는 핵은 과학자들의 관심을 끌었어요. 핵이 만들어지고 나면 핵에서 아무것도 빠져나가지 않고, 반대로 외부에서 핵으로 흘러드는 물질도 없기 때문이에요. 방사성 탄소를 포함한 탄소 원자도요.
이것은 아주 특이한 현상이에요. 보통 동물의 몸속에 있는 오래된 단백질과 그 속에 들어 있는 탄소 원소는 시간이 흐르면 새것으로 대체되거든요.
나 잠깐 낮잠 좀 잘게….
기다려 봐. 이제부터 진짜 재밌어지니까.
20세기 중반에 전 세계에서 핵무기에 관한 여러 실험이 이루어졌어요. 강력한 폭발이 몇 차례 있었고, 그 영향으로 지구상에 존재하는 방사성 탄소의 양이 거의 두 배나 늘어났어요.
흥미로운 이야기이긴 한데, 당최 눈이랑 무슨 상관이 있다는 건지….
이 탄소는 수정체의 핵이 생겨날 때 핵에 들어갔어요. 그래서 어떤 상어의 수정체에 방사성 탄소가 많이 들어 있다면, 그 상어는 핵 실험이 가장 활발했을 때나 그보다 조금 나중에 태어났다는 뜻이 되지요.
수정체에 상어 눈의 생겨난 핵
* 2010~2013년에 낚시 그물에 우연히 걸려 목숨을 잃은 상어들을 연구했어요.
다시 말해 그 상어는 약 50년 또는 그보다 짧게 살았다는 뜻이야.* 조사한 상어 28마리 가운데 한 마리가 50살이었고, 두 마리는 그보다 젊었으며, 나머지는 모두 나이가 더 많다는 사실을 알아냈어.
아하….
나이가 아주 많았어?
과학자들은 다른 방식을 이용해서 구체적인 나이를 계산하는 데 성공했어요. 수정체의 핵에 들어 있는 방사성 탄소의 양은 일정한 속도로 줄어들어요.
이건 핵이 생성된 뒤로 시간을 재는 시계 구실을 하지. 남아 있는 방사성 탄소가 적을수록 많은 시간이 흘렀다는 뜻이야.

과학자들은 각 상어의 수정체에 방사성 탄소가 얼마나 남아 있는지, 처음에는 얼마나 있었는지 확인했어요. 방사성 탄소의 분해 속도를 알아내서 얼마나 오랜 시간 동안 분해되었는지, 그래서 상어들이 저마다 언제 태어났는지 계산했어요.
가장 큰 상어는 502센티미터
갓 태어난 상어는 42센티미터
50년 된 상어는 220센티미터
정확한 결과를 얻으려면 개체의 크기와 성장 속도까지 고려해야 했어.
그래서 어떻게 됐어?
가장 크고 오래된 상어는 적어도 272살이었고, 392살일 가능성이 가장 높았어요. 심지어 512살로 볼 수도 있었어요.
512
말하자면 그린란드상어는 나이를 셀 수 있는 모든 어류, 파충류, 양서류, 조류, 포유류 가운데 가장 오래 사는 동물이에요.
두 달 뒤
우린 곧 떠날 거야.
이제 집으로 돌아가니?
아니, 다코타가 우리를 인도네시아에 데려간대.
울라의 공책
이토코르토르미우트
그린란드
인도네시아
코모도 국립 공원
인도양
인도네시아, 플로레스해
린차섬
SELAMAT DATANG DI TAMAN NASIONAL KOMODO
WELCOME TO KOMODO NATIONAL PARK
LOH BUAYA

코모도 국립 공원

★ 인도네시아 ★ 면적: 1,817km² ★ 설립 연도: 1980년 ★

고래상어
녹색왕제비물기
산호초
린차섬
금화조
그레이트빌드앵무새
듀공
팔미라 야자나무
순다삼바
필리핀원숭이
코모도드래건
(바라누스 코모덴시스)

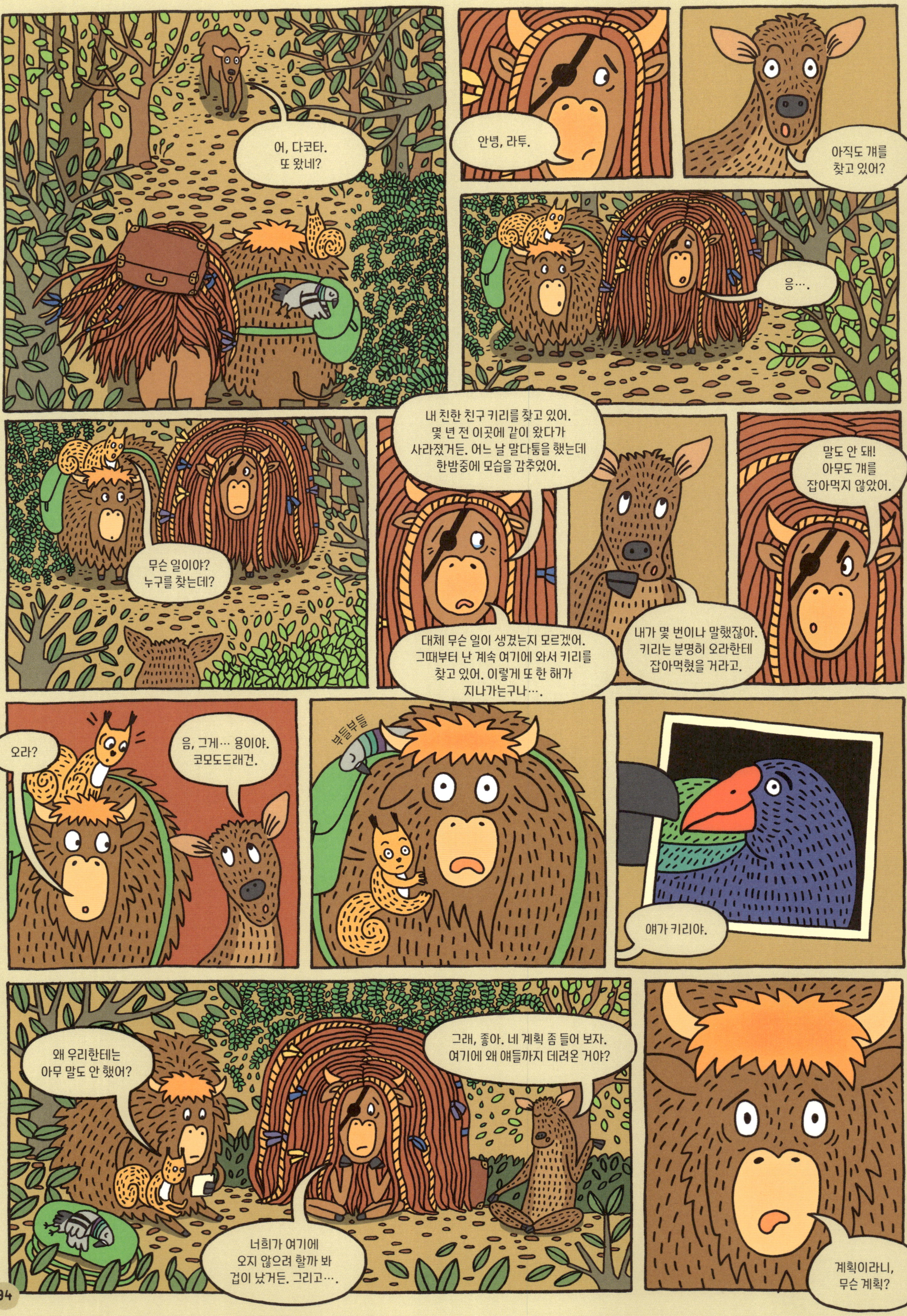
어, 다코타.
또 왔네?
안녕, 라투.
아직도 걔를
찾고 있어?
응….
무슨 일이야?
누구를 찾는데?
내 친한 친구 키리를 찾고 있어.
몇 년 전 이곳에 같이 왔다가
사라졌거든. 어느 날 말다툼을 했는데
한밤중에 모습을 감추었어.
대체 무슨 일이 생겼는지 모르겠어.
그때부터 난 계속 여기에 와서 키리를
찾고 있어. 이렇게 또 한 해가
지나가는구나….
내가 몇 번이나 말했잖아.
키리는 분명히 오라한테
잡아먹혔을 거라고.
말도 안 돼!
아무도 걔를
잡아먹지 않았어.
오라?
음, 그게… 용이야.
코모도드래건.
부들부들
얘가 키리야.
왜 우리한테는
아무 말도 안 했어?
너희가 여기에
오지 않으려 할까 봐
겁이 났거든. 그리고….
그래, 좋아. 네 계획 좀 들어 보자.
여기에 왜 얘들까지 데려온 거야?
계획이라니,
무슨 계획?

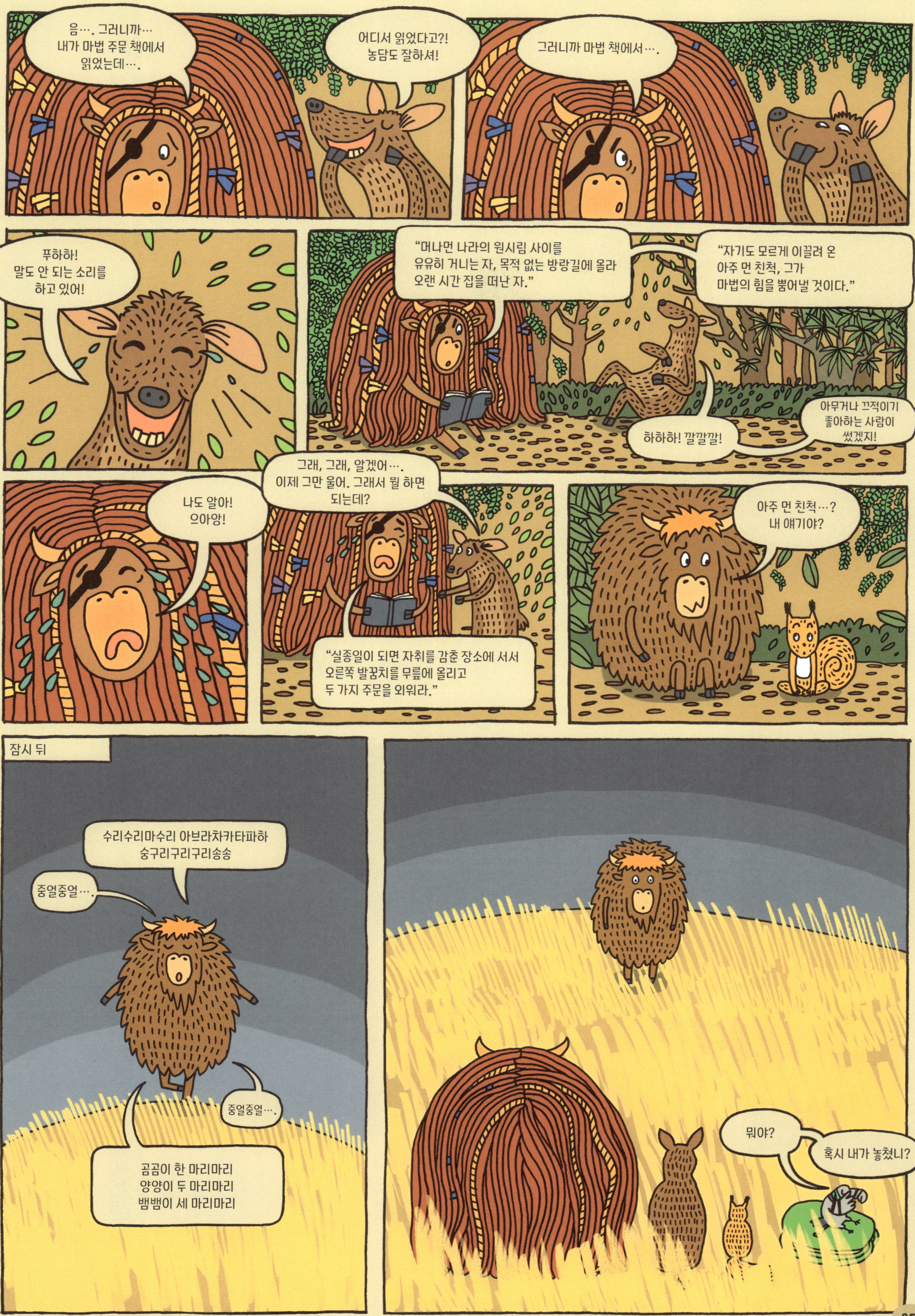
음…. 그러니까…
내가 마법 주문 책에서
읽었는데….
어디서 읽었다고?!
농담도 잘하셔!
그러니까 마법 책에서….
푸하하!
말도 안 되는 소리를
하고 있어!
"머나먼 나라의 원시림 사이를
유유히 거니는 자, 목적 없는 방랑길에 올라
오랜 시간 집을 떠난 자."
"자기도 모르게 이끌려 온
아주 먼 친척, 그가
마법의 힘을 뽑어낼 것이다."
하하하! 깔깔깔!
아무거나 끄적이기
좋아하는 사람이
썼겠지!
나도 알아!
으아앙!
그래, 그래, 알겠어….
이제 그만 울어. 그래서 뭘 하면
되는데?
"실종일이 되면 자취를 감춘 장소에 서서
오른쪽 발꿈치를 무릎에 올리고
두 가지 주문을 외워라."
아주 먼 친척…?
내 얘기야?
잠시 뒤
수리수리마수리 아브라차카타파하
숭구리구리구리송송
중얼중얼….
중얼중얼….
곰곰이 한 마리마리
양양이 두 마리마리
뱀뱀이 세 마리마리
뭐야?
혹시 내가 놓쳤니?

아무 일도
일어나지 않네….
도움이 안 되는 게
당연하지….
왜 이런 바보 같은 짓을
하는 거람.
이상한 동물까지
데려오고….
근데
어디서 왔어?
폴란드에서
왔어.
폴란드!
어디에 있는
나라인지도 모르겠네.
흐어엉, 섬 전체를
네 번씩이나 샅샅이 뒤졌는데….
이제 어쩌지? 엉엉엉….
몇 군데를 좀 더 둘러보자.
우리가 놓친 실마리가
있을지도 몰라.
저녁
나는 키리가
살아 있다고 믿어.
근데 왜 어디에도
보이지 않을까?
이튿날
기상!
그거 아니?
그냥 앉아서 걱정만 하면
아무 의미가 없어. 기왕 멀리서
왔으니 섬을 구경시켜 줄게.
그러다가 키리의 흔적을
찾을 수 있을지도 모르잖아?
우선 드래건을
만나러 가 볼까!
그럼 난 이만!

코모도드래건은 지구에서
가장 큰 도마뱀으로 코모도왕도마뱀이라고도 해요.
몸길이가 3미터나 되는 녀석도 있어요.

코모도드래건은 몇 킬로미터 떨어진 곳에 있는
사체의 냄새까지 맡을 만큼 후각이 뛰어나요. 달리기도 제법 빠르고,
헤엄이나 잠수도 잘해요. 어릴 때는 나무에도 오르고요.

코모도드래건은 자기가 사는 생태계에서
가장 커다란 포식자예요.
순다삼바, 야생 돼지, 황소, 다른 작은 동물들을
살아 있든 죽어 있든 가리지 않고 먹어요.
코모도드래건이 먹이로 삼는 큰 포유류는
인간이 이곳으로 데려왔어요.
수천 년 전에는 코끼리와 비슷한 동물인
스테고돈을 먹었을 가능성이 높아요.
국립 공원 근처의 플로레스섬에 서식하던 스테고돈은
가장 작은 종의 키가 120센티미터에 불과했어요.

코모도드래건은
인도네시아의 몇몇 섬에서만
볼 수 있어요.
그들의 조상은 적어도
90만 년 전에 오스트레일리아에서
건너왔다고 추정해요. 그 무렵
오스트레일리아에는 코모도드래건과
닮은 대형 도마뱀들이 살았는데,
그중 가장 큰 도마뱀은
메갈라니아였어요.

메갈라니아는
몸길이가
7미터가 넘었어요.
빙하기에 지구에 서식하던
거대 동물 가운데 하나예요.
매머드, 가장 큰 유대류인
디프로토돈, 메가테리움,
스테고돈 같은
다른 선사 시대 동물처럼
수천 년 전에 멸종했어요.

19세기에 영국의 박물학자 앨프리드 러셀 월리스는
말레이 제도를 여행하다가 이웃한 섬인 발리와 롬복의 동물들이
매우 다르다는 사실을 깨달았어요.

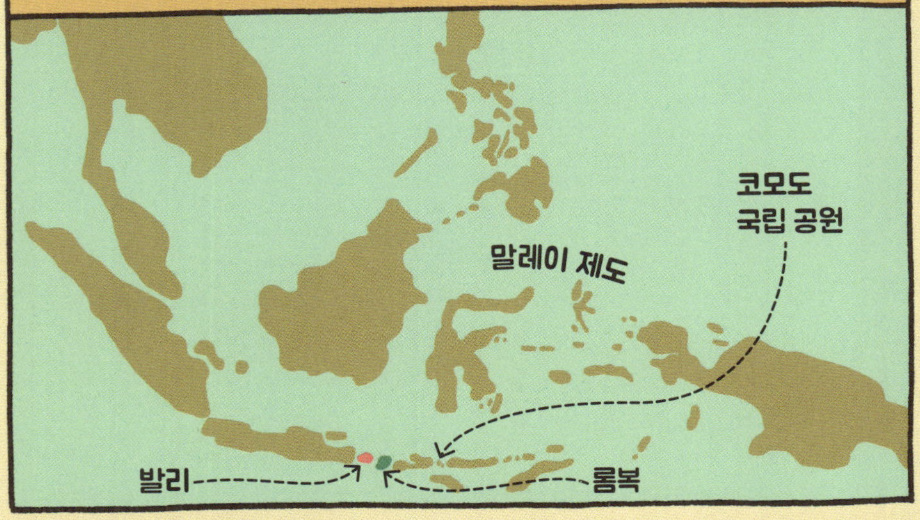

발리에는 아시아에서 볼 수 있는 종과 비슷한 동물이 많았어요.
반면 롬복과 동쪽 지역에는 오스트레일리아의 독특한 동물계와
흡사한 종이 살았어요.

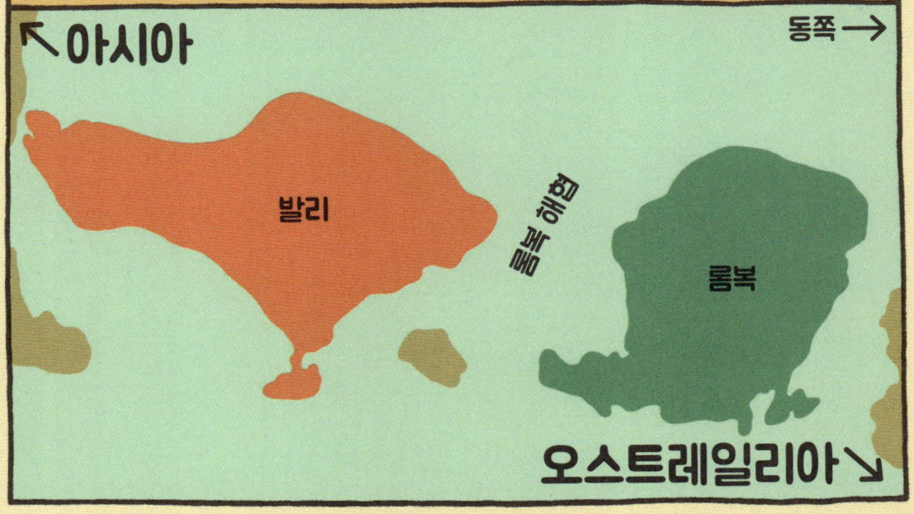

월리스는 아시아산 동물이 발리와 그 왼쪽에 있는
섬들로 퍼져 나간 데 반해, 발리에서 겨우
40킬로미터 떨어진 롬복 해협을 건너지 못했다는
사실을 이상하게 여겼어요.

이 현상을 설명하려면 롬복 해협이
아주 깊다는 사실을 알아야 해요.
그래서 해수면이 꽤 낮아졌던 빙하기에도
이곳에는 물이 차 있었지요. 그때는 말레이 제도의
여러 섬이 아시아 본토와 이어진 육지였어요.

이 주변에는 깊은 해협이 많이 있어요.
그중에는 월리시아라는 지역이 있는데, 이곳은 늘 섬이었어요.
월리시아에는 아시아와 오스트레일리아의 동물이 두루 살고 있으며,
헤엄을 치거나 날 수 있는 종들만 들어왔지요.
바로 롬복이 그런 섬이에요.

월리스선은 월리스가 정의 내린
보이지 않는 경계예요.
조류와 유대류를 비롯한 많은 종이
이 경계를 넘지 않았어요.

유대류는 임신 기간이 짧아요.
그래서 새끼는 작고 미숙한
상태로 태어나
엄마의 육아낭(새끼를 넣어
기르는 주머니)에서 자라요.

태반이 있는 포유류인 유태반류는
포유류 중에서 가장 많아요.
이들의 태아는 엄마의 태반을 통해
오랜 시간에 걸쳐 성장해요.

리데커선은 빙하기에 오스트레일리아와 이어져 있던 본토 대륙에서
월리시아를 떨어뜨린 해협을 따라 그어져 있어요.
박쥐와 쥐 말고는 어떤 유태반류도
이 해협을 건너지 못했어요.*

* 인간의 개입 없이 퍼진 종들에 해당하는 이야기예요.

코모도 국립 공원은 바로 그 경계에 있어요.
그리고 이러한 환경 때문에 오스트레일리아에는 코뿔소와 호랑이가
살지 않고, 아시아에는 캥거루가 살지 않아요.

공원의 유명 인사인 코모도드래곤은 뛰어난 수영 선수예요.
그래서 월리시아의 깊은 해협조차 이들이
말레이 제도의 다른 섬으로 건너가는 것을 막지 못했어요.

울라의 공책

코모도 국립 공원

플로레스해에는 29개의 섬이 있는데 큰 섬이 3개, 작은 섬이 26개예요.

섬에는 산이 많아요.

땅은 거의 사바나(열대와 아열대 지방에서 발달하는 초원)예요.

해변에는 맹그로브숲이 있어요.

소철
시카드 엔데믹

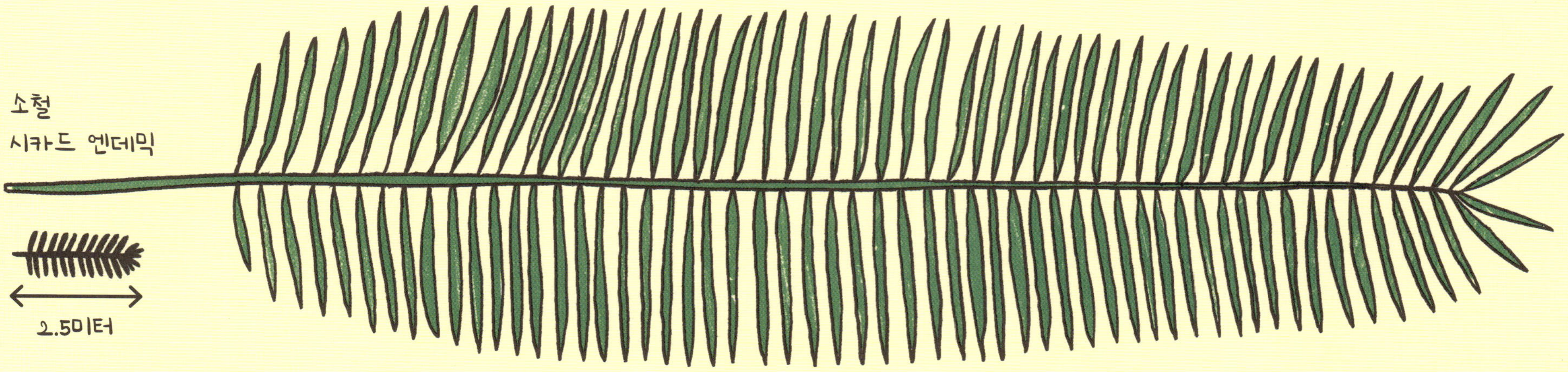

2.5미터

팔미라 야자나무
보라수스 플라벨리페르

3미터

나무의 전체 생김새는 93쪽을 확인하세요.

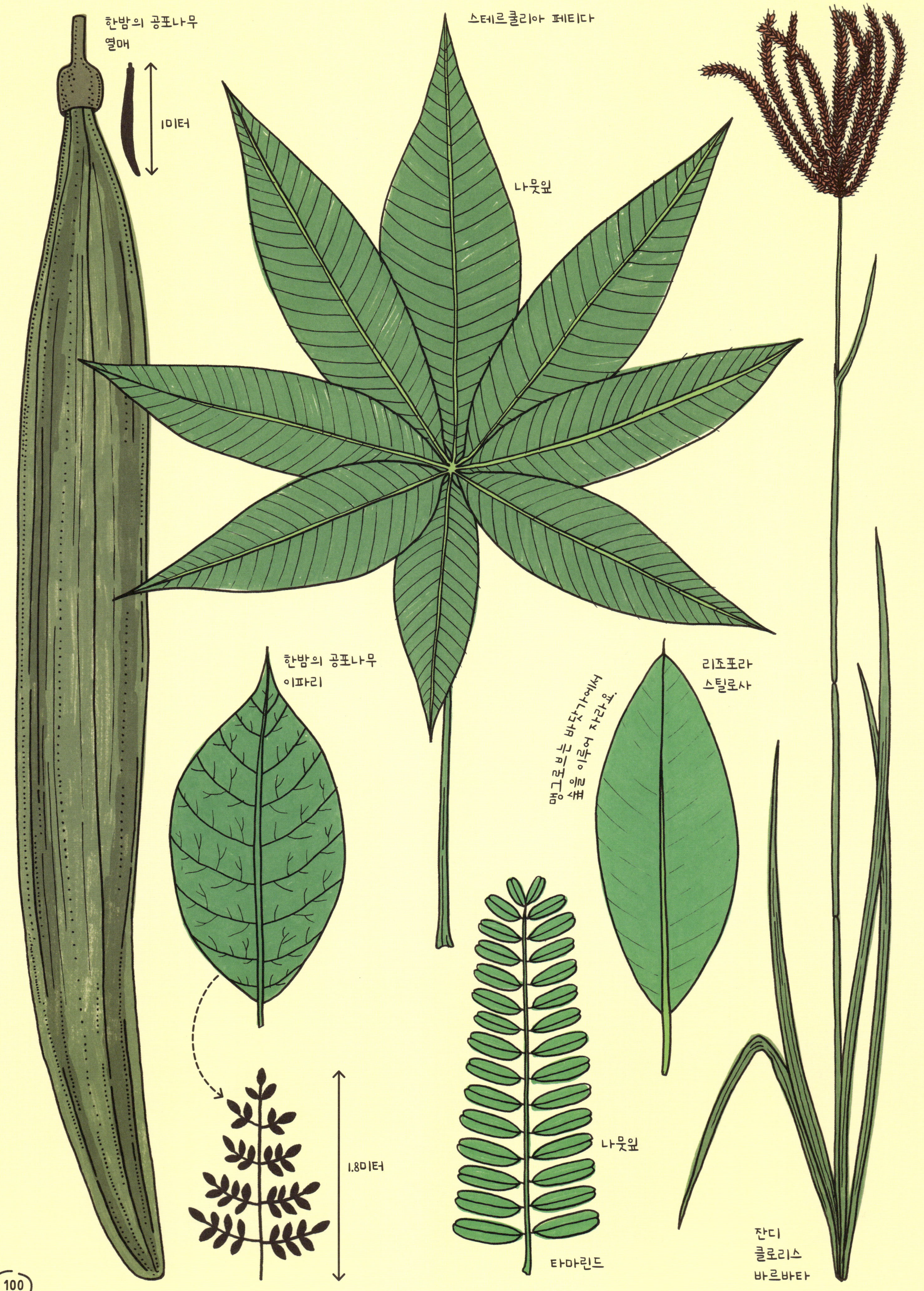
한밤의 공포나무
열매
1미터
스테르쿨리아 페티다
나뭇잎
한밤의 공포나무
이파리
1.8미터
맹그로브는 바닷가에서
숲을 이루어 자라요.
리조포라
스틸로사
나뭇잎
타마린드
잔디
클로리스
바르바타

공원 한편에서는…
에헴….
나는 필립이라고 해.
나는 사리야.
좋알좋알좋알
쫑알쫑알쫑알
두 시간 뒤
이러쿵저러쿵
이러쿵저러쿵
어쩌고저쩌고
어쩌고저쩌고
따라와.
내 친구들을 소개해
줄게.
얘들아, 얘는
필립이라고 해.

이튿날
기상!
오늘은 다이빙하는 날이야!
산호초를 보여 줄게.
산호초는
산호 조각과
다른 미세한 유기물로 만들어진
해저 암석이에요.
산호초 주변에는
식물처럼 생긴 특이한 동물이
많이 살아요.
산호류
산호류
성게
해면동물
말미잘
우리 모래사장까지
가 보자!
맹그로브는
바닷물 속에
뿌리를 내리고 자라요.

며칠 뒤
쿨쿨…
얘들아,
어서 와서 인사해!
내 반려자를 소개할게.
얘는
사리라고 해.
멋진데, 필립!
네가 퍽 행복해
보여서 이런 말 하기
조심스럽지만….
너 괜찮니?
마침 짐을 싸던 중이었어.
곧 집으로 돌아가잖아.
다코타도 우리랑 같이 갈 거야.
나는 안 가.
돌아가지 않겠다고?
어떻게 사리를
혼자 남겨 둬!
그래…,
알겠어.
아니, 이건 키리잖아!
너희 아는 사이였어?
뭐?
내 친구야.
파다르섬에 살고 있어.

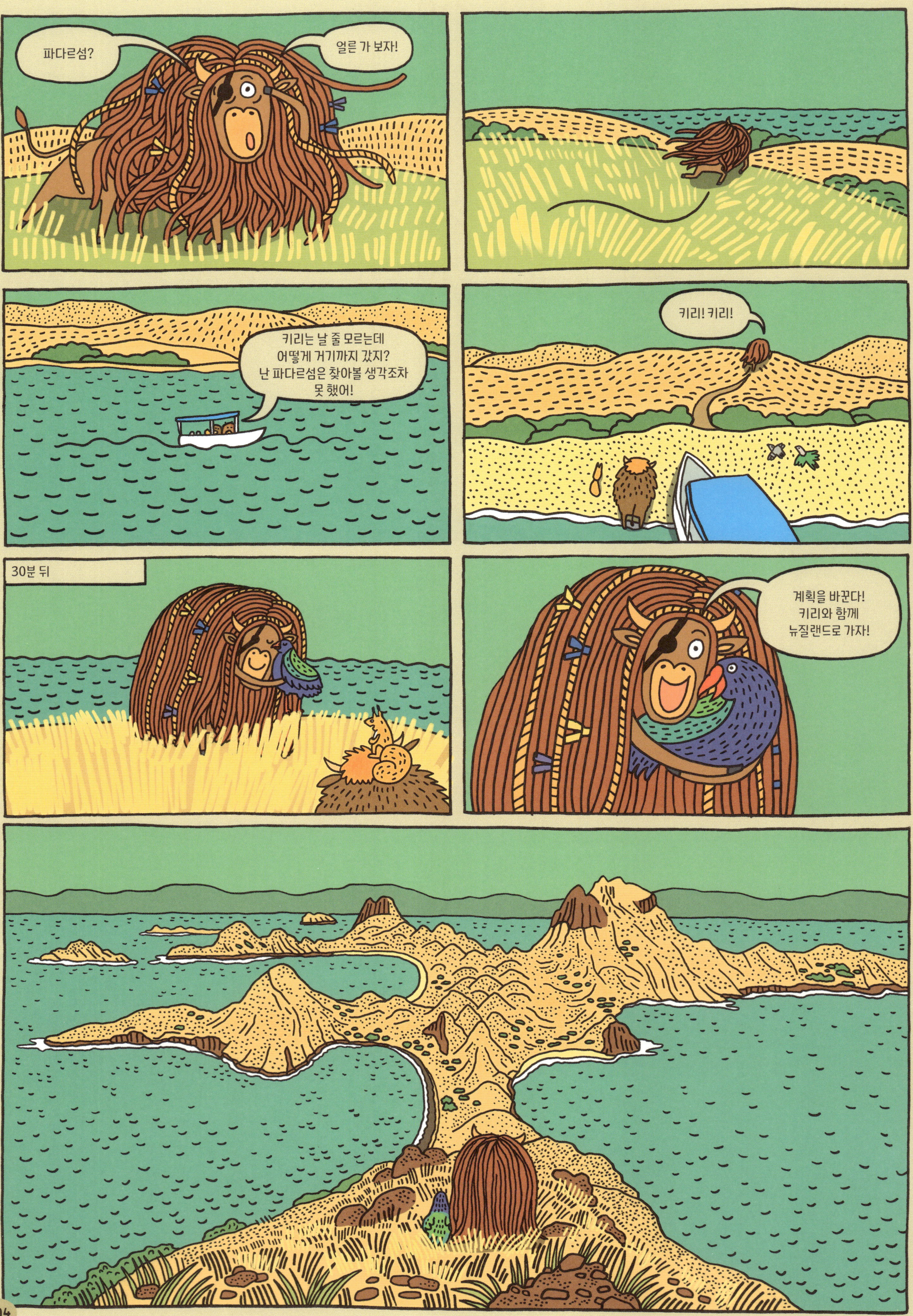

파다르섬?
얼른 가 보자!
키리는 날 줄 모르는데 어떻게 거기까지 갔지? 난 파다르섬은 찾아볼 생각조차 못 했어!
키리! 키리!
30분 뒤
계획을 바꾼다! 키리와 함께 뉴질랜드로 가자!

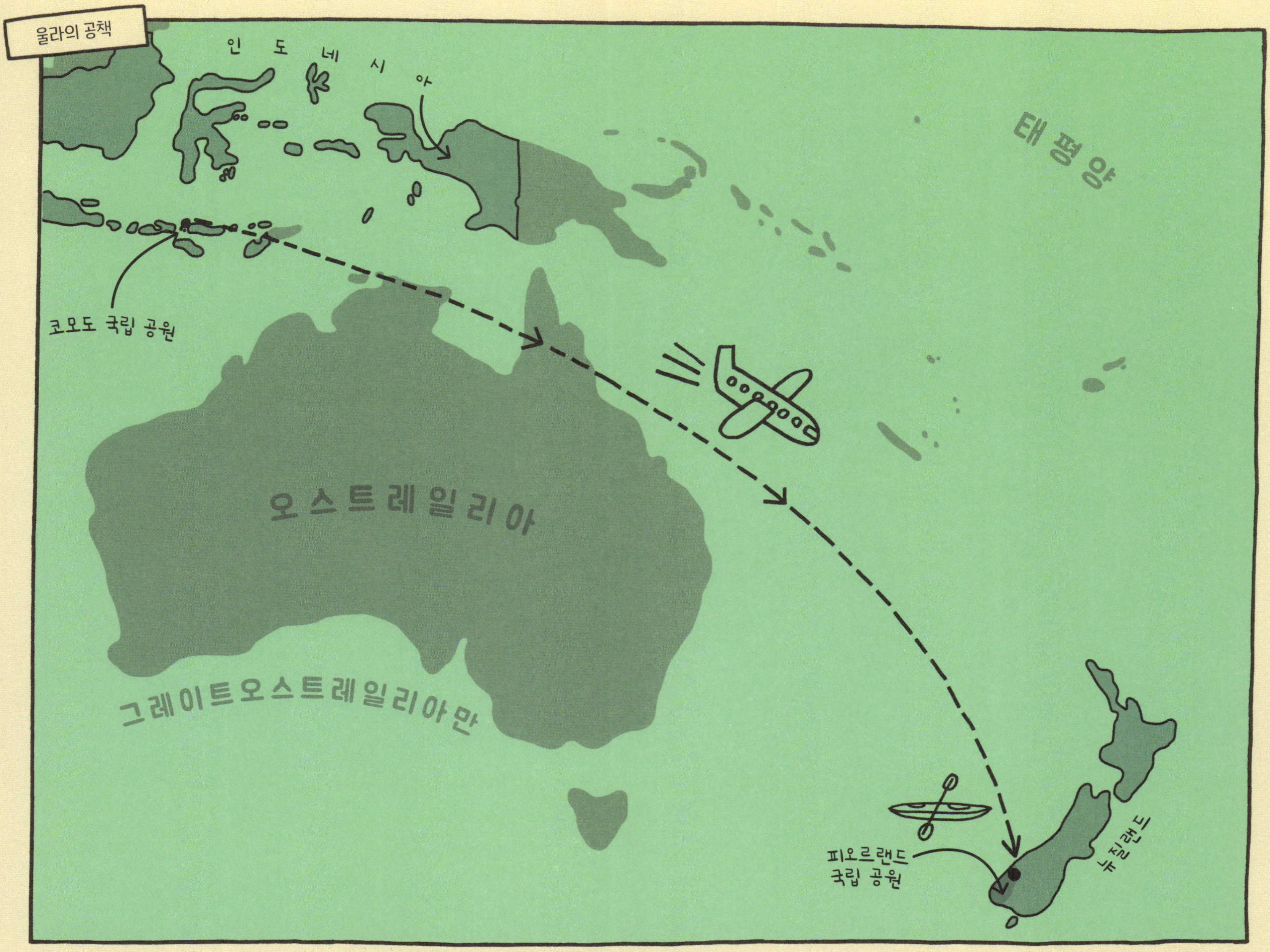
울라의 공책
인도네시아
태평양
코모도 국립 공원
오스트레일리아
그레이트오스트레일리아만
피오르랜드
국립 공원
뉴질랜드

뉴질랜드, 피오르 밀퍼드

피오르랜드 국립 공원

★ 뉴질랜드 ★ 면적: 1만 2,607km² ★ 설립 연도: 1952년 ★

케아앵무
뉴질랜드비둘기
시궁쥐
모호우아 오크로세팔라
노랑이마앵무
타카헤
푸른오리
북방족제비
부채꼬리바위딱새
나무고사리
생쥐
테아나우 동굴
유럽산토끼
붉은사슴
톰팃

너희가 도보 여행을 좋아하면 좋겠다. 우린 먼 길을 가야 하거든.
어디로 가는 거야?
집으로. 타카헤 계곡으로 가고 있어.
그나저나 넌 왜 날지 않니?
음…, 너도 알겠지만 날려면 필요한 게 많아.
필요한 게 많다고?
그래. 에너지 말이야.
동물들은 먹이를 먹음으로써 사는 데 필요한 에너지를 얻어요.
그러다 보니 먹이를 더 쉽게 얻고 적의 위협에서 스스로를 지킬 수 있게끔 저마다 다양한 특성을 갖추게 되었어요. 뛰어난 시력, 큰 몸집, 길고 강한 다리나 날카로운 이빨과 발톱처럼요.
대부분의 조류는 날 수 있다는 특성을 지녔어요. 덕분에 먹이를 찾으러 먼 거리를 오갈 수 있고, 다른 동물들은 접근할 수 없는 장소에서 먹이를 얻을 수도 있어요. 위험한 순간이 닥치면 날개를 이용해 빨리 도망갈 수도 있고요.
악!
하지만 비행에 필요한 날개와 근육을 단련하고 유지하려면 많은 에너지가 필요해요. 나는 것 자체도 마찬가지예요.
그럼에도 많은 새들은 힘든 대가를 치르면서 날기를 택해요. 하늘을 날 줄 알면 그만큼 기회가 늘어나기 때문이지요.

그러나 자기 조상은 날 수 있었던 반면 지금은 날지 않는 새들도 있어요. 왜 어떤 새들은 날지 않게 되었을까요? 뉴질랜드는 이런 현상을 살펴보기에 좋은 장소예요. 날지 못하는 새가 이렇게 많은 곳은 좀처럼 없거든요.
날지 못하는 새들
타조
아프리카
에뮤
오스트레일리아
큰화식조
오스트레일리아, 인도네시아, 파푸아 뉴기니
아메리카레아
북아메리카
황제펭귄
남극
뉴질랜드는 넓은 대륙과는 멀리 떨어진 태평양의 섬나라예요. 심지어 가장 가까운 오스트레일리아까지도 비행기를 타고 세 시간 넘게 가야 해요.
뉴질랜드
북섬
남섬
태평양
수백만 년 동안 이 섬에 살던 포유류라곤 박쥐, 바다사자, 바다표범뿐이었어요.
뉴질랜드큰짧은꼬리박쥐
뉴질랜드작은짧은꼬리박쥐
뉴질랜드긴꼬리박쥐
뉴질랜드바다사자
남방물개
너네 고향에 사는 새들은 어떤 동물을 무서워하니?
음, 어디 보자…. 담비, 여우, 밍크….
아하….
그리고 고양이도….
한마디로 땅 위에서 달릴 줄 아는 육식 동물이구나.
옛날에는 여기에 그런 동물들이 아예 없었어. 새들은 땅 위에서도 누가 덤불 속에 숨어 있다고 걱정할 필요 없이 안전하다고 느꼈지.
기껏해야 위에서 공격하는 맹금류가 위협적인 존재였어.
풀이나 곤충 같은 먹이를 두고 새들과 다툴 만한 동물도 없었어.
여기는 말 그대로 새들의 왕국이었다고!
이제 알겠지? 땅 위가 안전하고, 먹을 것도 풍부했기 때문에…
…우리 조상들은 굳이 힘을 들여 나는 대신 다리로만 걷기 시작했어.

육지에 포식자가 없는 새들은 날지 않고도 먹이를 찾을 수 있었어요. 그래서 생활 방식을 바꾸어 지상에서 살기 시작했지요.

땅 위에서는 강한 다리와 튼튼한 부리가 날개보다 중요했어요. 그러다 보니 가벼운 몸은 별로 쓸모가 없어져서 새들의 몸집이 커졌어요.

땅 위 생활에 잘 적응한 새들은 더 쉽게 생존하고 번식했어요. 그래서 유용한 특성은 다음 세대에게 물려주고, 반대로 불필요한 형질은 사라졌어요.

이러한 과정은 수백만 년에 걸쳐 서서히 이루어졌고, 마침내 뉴질랜드의 많은 새들이 날 수 없게 됐어요.

뉴질랜드의 날지 못하는 새들

뉴질랜드는 큰 대륙이나 섬 가운데
가장 늦게 발견됐어요.
아주 오랫동안 사람의 발길이 닿지 않았지요.
그러다 사람들이 섬에 들어오면서
이곳의 풍경과 자연을 완전히
바꾸어 놓았어요.
약 700~800년 전에
폴리네시아인이 뉴질랜드에
맨 처음 정착했어요.
그들과 함께 개와 쥐도
따라 들어왔지요.
쿠리
지금은 멸종한 폴리네시아개
키오레,
폴리네시아쥐
마오리족이라고 하는 이 새로운 정착민들은
바다표범이나 바다사자, 새를 사냥했어요.
특히 날지 못하는 새인 모아는 훌륭한 식량이었어요.
가장 큰 개체는 목을 위로 쭉 뻗으면
키가 3.5미터나 되고
몸무게는 200킬로그램이나 나갔어요.
육지의 포식자가 없는 장소에서
사는 데 익숙해진 새는
비행 능력을 잃고,
몸집은 커졌으며,
지상에 둥지를 짓고,
알을 조금만 낳았어요.
그 탓에 많은 새들이
사라지고 말았어요.
날지 못하는 새들은
사람과 개, 쥐한테 쉽게 잡혔고,
개체 수가 줄지 않게끔
빠르게 번식할 수도 없었어요.
새들의 터전이던
울창한 숲도 점차 사라졌어요.
마오리족은 집과
농사지을 땅을 마련하고,
섬을 편하게 돌아다니기 위해
숲을 불태웠어요.
사냥과 숲의 훼손은
모아를 비롯한
많은 조류를
멸종으로 몰아넣었어요.
뉴질랜드에 도착한 첫 유럽인은
네덜란드의 항해사
아벌 타스만이었어요.
1642년
그때부터 100년도 더 지난 뒤, 영국의 탐험가 제임스 쿡이
뉴질랜드에 세 번이나 원정을 왔어요. 그는 배를 타고 섬 주변을 둘러보며,
이곳은 고대부터 찾던 전설적인 '미지의 남방 대륙'(라틴어로 Terra Australis Incognita)이
아니라는 사실을 밝혀냈어요. 또 다른 대륙이 있다는 뜻이었죠.
1769~77년
그 뒤에는 유럽에서 고래잡이 배와
바다표범잡이 배에 오른 밀항자들이 왔어요.
시궁쥐
곰쥐
생쥐
19세기에 이르러 점점 더 많은 유럽인이 뉴질랜드에 정착했어요.
그들은 경작지와 목축지를 얻느라 나무를 베고 숲을 불태웠으며
습지의 물을 빼냈어요.
그들은 양, 젖소, 돼지, 염소, 말, 황소, 개, 고양이도
함께 데려왔어요.
어떤 동물은 사람의 곁을 떠나 야생에서
자유롭게 번식하기 시작했어요.
야생화한
고양이

유럽인들은 본래 이 땅에 없던 새도 140종 넘게 데려왔어요. 그중 몇십 종은 지금도 섬에 살고 있어요.
농사를 망치는 해충을 없애려고 데려온 새도 있었어요.
참새
그러나 오히려 새들이 농작물을 엉망으로 만들었죠.
넌 곡식이 아니라 벌레를 먹어야 한다고!
그래서… 이런 새들을 잡아 줄 또 다른 새를 데려왔어요.
금눈쇠올빼미
네가 왜 여기에 왔는지 잊지 마!
어떤 새는 사냥감으로 데려왔어요.
꿩
어떤 새들은 이주민들에게 고향을 향한 그리움을 달래는 노래를 불러 주었어요.
노래지빠귀
대륙검은지빠귀
사람들은 포유류도 함께 데려왔어요.
그중에는 값진 모피를 얻을 수 있는 주머니여우 같은 유대류도 있었지요.
멧돼지와 염소는 제임스 쿡이 처음으로 이곳에 풀어놓은 동물이에요. 섬을 찾는 선원이나 난파당한 사람들의 식량으로 삼기 위해서였죠.
야생화한 염소와 양, 말은 지금도 뉴질랜드에 살고 있어요.
고슴도치는 원예 식물의 해충을 잡았어요.
발굽이 달린 포유류는 사냥감으로 썼어요.
삼바사슴
순다삼바
말사슴
산토끼와 집토끼는 고기와 가죽을 얻기 위해 데리고 왔어요. 가축으로 키우지는 않고 사냥용으로 풀어 두었지요.
다마사슴
히말라야타알
알프스산양
와피티사슴
흰꼬리사슴
꽃사슴
번식 속도가 빠른 토끼의 수를 조절하려고 긴털족제비와 북방족제비, 족제비도 들여왔어요.
사람들은 멀리서 데려온 얼룩말, 누, 낙타, 라마, 알파카 같은 동물도 풀어놓았지만 이들은 새로운 환경에 적응하지 못하고 사라졌어요. 섬의 생태계를 위해서는 어찌 보면 다행이었죠.

뉴질랜드의 멸종한 새들
하스트수리
Harpagornis moorei
가장 무겁고 몸집이 큰
독수리로 유명해요.
하스트수리는 모아처럼 날지
못하는 새들을 잡아먹었어요.
채텀뜸부기
Cabalus
modestus
애즈빌
Aptornis
otidiformis
후이아
Heteralocha
acutirostris
부시모아
Anomalopteryx
didiformis
뉴질랜드에는
9종의 모아가
살았어요.
웃는올빼미
Ninox albifacies
가장 큰 모아
헤비풋모아
Pachyornis
elephantopus
자이언트모아
Dinornis robustus

뉴질랜드는 사람들이 오기 전까지만 해도
숲이 우거진 땅이었어요.
북섬의 열대 상록 활엽수림
지금은 전체 면적의
4분의 1 정도가
숲이에요.

매키넌 패스
어쩌다 인도네시아에서 그렇게 오랫동안 길을 잃었던 거야? 이런 곳도 잘만 다니면서….
길을 잃었다고 누가 그래?
내가 파다르섬에서 얼마나 잘 살았는데.
아, 잠시만. 곧 비가 내리겠어. 여긴 날씨가 변덕스럽거든.
그렇지만 다코타가 나를 찾고 있는 줄은 몰랐어.

울라의 공책

피오르랜드 국립 공원

그림처럼 펼쳐진 피오르로 유명해요.

이곳은 산이 많아요.

산에는 열대 상록 활엽수가 자라요.

드넓은 초원은 터석풀로 뒤덮여 있어요.

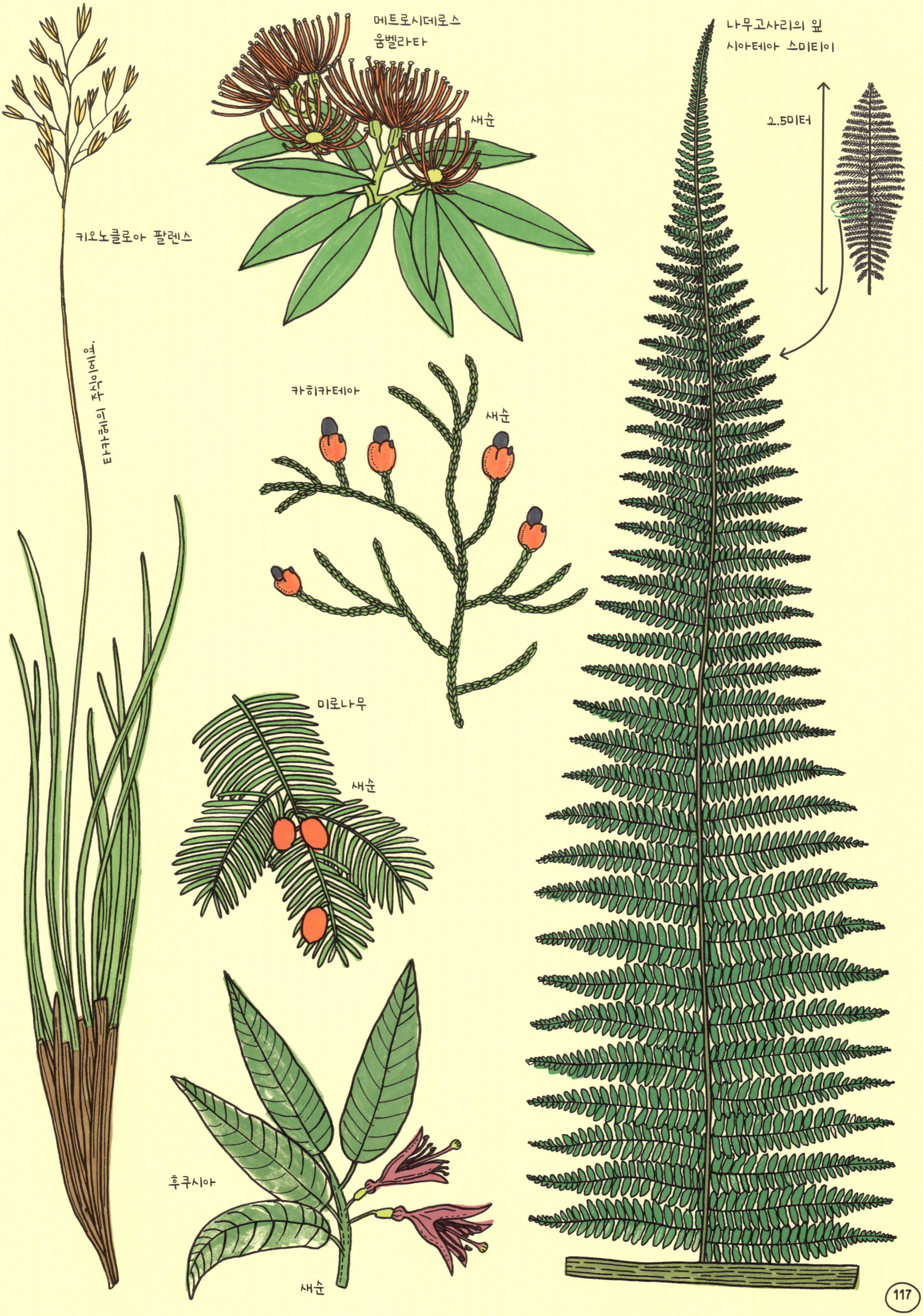
키오노클로아 팔렌스
타카헤의 주식이에요.
메트로시데로스
움벨라타
새순
나무고사리의 잎
시아테아 스미티이
2.5미터
카히카테아
새순
미로나무
새순
후쿠시아
새순

사람들이 새로운 동식물 수십 종을 짧은 시간 동안에 들여오자
뉴질랜드의 생태계(30쪽을 보세요)는
갑작스러운 변화를 겪었어요.
예전에는 모든 것이 자연스럽게 변했기 때문에
동물들이 새로운 환경에도 문제없이
적응할 수 있었어요.
감쪽같은걸!
모든 동물은 저마다
뚜렷한 영역이 있었어요.
어떤 새는 땅바닥에 있는 벌레를 먹는가 하면,
다른 새는 높은 나무에 사는 벌레를 먹고,
또 다른 새는 나뭇잎이나 열매, 꿀을 먹었어요.
동물들은 서로 다른 방식으로 생태계에 정착했어요.
이를 생태적 지위라고 해요.
한 생태계 안에는 아주 많은 생태적 지위가 있어요.
생태적 지위가 비슷한 종 사이에는 경쟁이 일어나요.
가끔은 서로를 방해하지 않고 어울려서 살 수 있게끔 변하기도 해요.
예를 들어 어떤 한 종이 작은 벌레만 먹으면,
다른 종은 큰 벌레만 먹는 식으로요.
아니면 약한 종이 더 강한 종에게 밀려나서 사라지는 경우도 있어요.
이런 식으로 모든 생물은
새로운 특성을 얻거나 새로운 종을 만들거나
어느 순간 사라지기도 해요.
그러나 이러한 변화는 매우 천천히 나타나서,
때로는 수천 년에서 수백만 년까지 걸려요.
어떤 지역에 갑자기 외래종이 나타나면,
본래 살던 동식물은 새로운 상황에 적응할 시간이 넉넉하지 않아요.
생활 방식이나 식습관을 금방 바꿀 수도,
방어 기술을 새로 익힐 수도,
다른 곳으로 떠나서 살 만한 특질을 지닐 수도 없어요.
야!
좀 남겨 줘야지!
외래종은 비어 있던 생태적 지위를 차지하거나
토착종과 경쟁을 해요.
만일 외래종이 더 강하거나
새로운 포식자로 자리 잡는다면
토착종이 사라질 수도 있어요.
응, 뭐라고…?

주머니여우는 19세기에 뉴질랜드에 들어왔어요.
이들을 위협하는 존재는 고양이와 사람밖에
없었기 때문에, 개체가 순식간에 늘어나
성가시고 해로운 동물이 되었어요.
오늘날 주머니여우는 자기들의 고향인
오스트레일리아보다 뉴질랜드에 더 많이 살아요.
나는 아무 잘못 없어….
주머니여우는
특정한 나무의 잎, 새순, 열매,
씨앗 따위를 먹고 살아요.
어떤 나무를 한 그루 골라서
모조리 먹어 치우고
다른 나무로 옮겨 다니면서 숲 전체를 훼손해요.
오스트레일리아에서는
주머니여우가 처음부터 생태계의
일부였기 때문에 그렇게 큰 문제가
되지 않아요. 먹이가 넉넉하지 않고,
산불이나 천적이 많아서
개체가 갑자기 늘어날 일은 없어요.
한편, 날지 못하는 뉴질랜드의 새들은
육지의 포식자에게 대비할 겨를이 없었어요.
게다가 예전에는 초식 동물이 많지 않아
식물이 다시 자라나는 속도도 느렸고요.
그 탓에 여러 독특한 토착종이 멸종했어요.
사슴이나 주머니여우, 집토끼, 족제비, 쥐 같은 외래종은
지금도 뉴질랜드의 생태계를 파괴하고 있어요. 외래종과의 싸움은
뉴질랜드의 자연을 보호하려는 모든 이에게 아주 중요한 과제예요.
쥐가 몰래 따라오지는 않았겠지?
응, 내가 확인했어.
코드피시섬
모든 지역의 유해종을 다 잡기란 쉽지 않아요.
지금은 작은 섬 일부에서만
유해종 박멸에 성공했어요.
이곳의 조류 보호 구역은
심각한 멸종 위기에 놓인
새들의 서식처로
포식자가 아무도
없어요.
카카포는 이제 약 200마리만 남아 있어요.
카카포는 앵무 가운데
유일하게 날지 못한답니다.

열대 우림
여기는 테아나우 호수야. 지금까지 우리가 걸어온 밀퍼드 탐방로의 출발점이지. 보통은 우리하고 반대로 남쪽에서 북쪽으로 걸어. 여름철에는 인파가 몰려서 반대 방향으로 걷고 싶어도 그럴 수가 없어.
하지만 그건 관광객들 이야기고, 나는 보호종이라서 원하는 대로 갈 수 있지.
나도 보호종이야.
음…. 여기서는 아니야….

타카헤나 카카포는 매우 심각한 멸종 위기에 놓여 있어. 그래서 포식자가 없는 섬으로 옮겨지기도 했단다.
공원 구역의 산에서는 우리가 살기 어려워서 말이지.
사슴은 우리가 좋아하는 풀을 똑같이 좋아하고, 족제비는 우리를 사냥하고 둥지를 부수거든.
타카헤 계곡
다 왔다!
바로 이곳 머치슨산에 야생 타카헤 두 마리 가운데 한 마리가 살고 있어.
사람들은 1948년에 여기서 우리를 다시 발견했어. 반세기 동안 우리는 멸종했다고 여겨졌지.
살아 있는 타카헤를 본 최초의 유럽인은 바다표범 사냥꾼이었어요.
1849년
그들은 새를 잡아 구워 먹고 가죽과 깃털은 따로 보관했어요.
월터 맨텔이라는 공무원이자 박물학자가 그 가죽과 깃털을 샀어요. 덕분에 정밀한 분석을 거친 뒤 박제를 해서 영국 런던의 대영 박물관으로 보냈지요.
2년 뒤에도 맨텔은 타카헤를 손에 넣었어요.
아무래도 살아 있는 타카헤를 보기는 어렵겠군.
그런데…
1879년
1898년
모두 네 마리의 표본이 박물관으로 옮겨졌어요. 타카헤를 목격했다는 신고가 들어왔지만 확인할 수 없었고, 19세기가 끝날 무렵 사람들은 타카헤가 사라졌다고 선언했어요.

사냥꾼과 산림 관리인이
타카헤의 흔적을 발견했고,
의사이자 자연을 사랑하는 박물학자인
제프리 오벨은 이 신비로운 새에 매료되었어요.
오벨은 몇 년 동안 타카헤의 목격담을 기록하고
지도에 그 장소를 표시했어요.
…아주 빨리 도망갔어요….
…크기는 이만하고, 깃털은 파란색과 녹색이었어요. 마치….
1948년 4월
어느 날, 접근하기 쉽지 않은
머치슨산을 돌아다니다가
낯선 새소리를 들었어요.
찾았다!
잠시 뒤에 발자국을 발견한 오벨은
파이프로 그 크기를 측정했어요.
오타고 대학교
이 발자국은 아주 크군요. 도요새 같네요.
흠….
1948년 11월
오벨은 같은 장소에
다시 가야겠다고 생각했어요.
드디어 성공했어요!
타카헤를 두 마리 잡아서
사진을 찍고 계측을 했어요.
그러고 나서 바로 풀어 주었지요.
타카헤를
다시 발견한 뒤로
긴 시간이 흘렀지만
이 새들은 지금도
보호가 필요해요.
이제 뉴질랜드에는
타카헤가 400마리 정도
있어요.
야생 타카헤는
머치슨산과
카후랑이 국립 공원에 살고,
일부는 보호 구역으로
정해진 섬에
서식하고 있어요.
나머지는 타카헤의 번식과
어린 개체의
방사를 돕는
특수 기관에서
지내요.

끝